Kerstin Diacont
George Maschalani

**Besser
Westernreiten**
mit George
Maschalani

Kerstin Diacont
George Maschalani

BESSER WESTERNREITEN

MIT GEORGE MASCHALANI

★ ★ ★ ★ ★ ★ ★ ★ ★

Profitips für Training und Turnier

Die Deutsche Bibliothek – CIP-Einheitsaufnahme

Diacont, Kerstin:
Besser Westernreiten mit George Maschalani : Profitips für Training und Turnier / Kerstin Diacont ; George Maschalani. – München ; Wien ; Zürich : BLV, 1996
ISBN 3-405-14849-9
NE: Maschalani, George:

Bildnachweis:
Grafik: Kerstin Diacont
Fotos:
Lohöfer: Seiten 2/3,6,48/49,58,115
Nitschke: Seiten 7,56,57,61,74/75,86/87,88, 131,150,154 unten
Nicklas: Seiten 9,45,59,63,71,106,126/127, 138,140,151,154 oben
Leckebusch: Seiten 40,47,106
Brückner: Seiten 51,60,70,78,79,142/143, 145,146,149
Brozio: Seite 37
Montgomery (Archiv Kaiser): Seiten 85,90,91
Diacont: Seiten 5,10,12/13,14,22,23,24,39, 43,44,54,55,68,69,73,80,81,84,93,94,95,97, 98,101,109,111,112,114,118,122,153

Umschlaggestaltung: Sander & Krause, München
Umschlagfotos: Jörg Brückner
Layout und Satz:
Kerstin Diacont, Neu-Isenburg
Herstellung: Friedrich Wilhelm Bonhagen

BLV Verlagsgesellschaft mbH
München Wien Zürich
80797 München

© 1996 BLV Verlagsgesellschaft mbH, München

Druck und Bindung: Pustet, Regensburg
Gedruckt auf chlorfrei gebleichtem Papier
Printed in Germany · ISBN 3-405-14849-9

Zeichenerklärung

➡	Zügel anlegen
⇨	verwahrender Schenkel
➡	Schenkeldruck
↘	Zügel annehmen und Richtung
↓	verwahrender Zügel
○ ●	Gewichtsverlagerung auf der Seite des dunklen Punktes / Steigbügel belasten
○ ○ ○ ○	Hufspuren
↘	Bewegungsrichtung
◉ ⦂	Drehpunkt

Dank für die Unterstützung bei der Fotobeschaffung und beim Lesen an: Julia Kaiser und Martina Belzer

Inhalt

**Training und Korrektur
Bereich Trail** 50

Vorwort

Lieber Leser

Das vorliegende Buch ist als Nachschlagewerk in Frage-Antwort-Form konzipiert. Es erhebt keinen Anspruch auf absolute Vollständigkeit.

In Form eines Interviews beantwortet George Maschalani Fragen zu den einzelnen Turnierdisziplinen. Häufig auftretende Trainings- und Showprobleme werden angesprochen. George stellt dar, wie er bestimmten Problemen zu Leibe rückt bzw. sie schon im Ansatz verhindert. Er beschreibt in den Antworten seine Methode, den modernen Stil des Westernreitens. Daß seine Methode erfolgreich ist, hat er mit zahlreichen Turnier-Erfolgen in den letzten Jahren bewiesen.

Der Umfang des Buches beschränkt sich auf die klassischen Westernturnierdisziplinen: Pleasure, Trail, Western Riding und Reining sowie die Kombinationsprüfungen Horsemanship und Super Horse. Renndisziplinen, Halter sowie Cutting und Working Cowhorse sind hier ausgeklammert.

Das Buch richtet sich an fortgeschrittene Reiter. Grundsätzliche Kenntnisse des Westernreitens bzw. des Reitens überhaupt werden vorausgesetzt.

Deswegen werden die Grundlagen nur knapp behandelt, gerade soweit, wie sie für das Verständnis der einzelnen aufbauenden Übungen notwendig sind.

Noch ein kleiner Hinweis zum Gebrauch des Buches:

Obwohl dieses Buch Antwort auf einzelne Fragen gibt, genügt es nicht, immer nur eine einzelne Antwort zu lesen, weil in dieser nicht immer alles dazugehörige Basiswissen enthalten ist. Vielmehr ist es wichtig, den Querverweisen in den Antworten nachzugehen. Sinnvollerweise arbeitet der Leser das Buch mindestens einmal von vorne nach hinten durch und benutzt es erst danach auszugsweise.

Und nun viel Spaß bei der Arbeit.

Grundlagen

Grundlagen

Die »Handpause«

Unter »Handpause« ist ein kurzes zur-Ruhe-kommen-lassen des Pferdes zu verstehen. Der Reiter nimmt die Hand tief und signalisiert damit dem Pferd: Entspannung, Ruhe, keine Forderung. Der Zügel ist dabei völlig lose. Das Pferd entspannt sich bei tiefer Hand sofort, wenn es im Training gelernt hat, daß die tiefe Hand immer mit einer Ruhepause verbunden ist. Bei jungen Pferden und am Anfang der Ausbildung ist die Handpause länger und deutlich sichtbar, später fast unmerklich.

Das kurze Tiefnehmen der Hand veranlaßt das Pferd dazu, sich zu entspannen, bevor etwas Neues gefordert wird.

Die Beinmuskeln des Reiters müssen sich bei der Handpause mit entspannen, weil auch die Muskelspannung des Reiters auf das Pferd psychischen und physischen Druck ausübt.

Mit der Handpause kann man die Bereitschaftsspannung in Streßsituationen vom Pferd nehmen und vermeidet damit hektisches Zappeln.

Besonders in Trail und Reining ist die Handpause wichtig, um Ruhe ins Pferd zu bringen (siehe Einzellektionen).

Die Handpause:
Hohe Hand - das Pferd bleibt unter Spannung.

Die Handpause:
Tiefe Hand - das Pferd entspannt sich.

Im Trail verhindert man beispielsweise mit der Handpause, daß das Pferd hektisch durch Hindernisse hindurchhastet.

In der Reining, z.B. nach Sliding Stops mit anschließenden Roll backs, ist sie von großer Bedeutung, weil sie verhindert, daß sich das Pferd festklemmt, wenn es aus der Anspannung des Stops direkt in die Anspannung des Roll backs übergehen soll.

Je jünger und unerfahrener das Pferd, desto wichtiger sind die Handpausen.

Je jünger und unerfahrener das Pferd, um so wichtiger sind die Handpausen, um es nicht psychisch durch einen dauernd anstehenden Zügel, der es unter Bereitschaftsspannung hält, zu überfordern.

Bei ausgebildeten Pferden wird die Handpause zunehmend unwichtiger. Man braucht sie nur noch bei Bedarf (z.B. nach Beendigung eines Hindernisses).

Das Aufnehmen der Zügel (z.B. nach der Handpause)

Das Aufnehmen des Zügels soll nicht als Signal für das Pferd gelten, irgend etwas zu tun. Nimmt der Reiter die Zügel auf, so soll das Pferd nur aufmerksam werden und ruhig warten, was als nächstes kommt. Und es soll im Genick nachgeben. Erst eine zusätzliche Hilfe zeigt ihm an, in welche Richtung es geht und was genau der Reiter von ihm will.

Will es beim Aufnehmen der Zügel nach irgendeiner Seite bzw. nach vorn oder hinten wegtreten, so muß es sofort mit Stimme und gegebenenfalls Schenkeldruck korrigiert werden. Notfalls kann auch mal mit

dem Schenkel oder Sporen geklopft werden, wenn das Pferd auf die Hilfen nicht reagiert.

Hat das Pferd gelernt, nach dem Aufnehmen der Zügel die Nase tief zu nehmen, im Genick nachzugeben und auf eine zweite Hilfe zu warten, die ihm die Wünsche des Reiters anzeigt, so vermeidet man auf dem Turnier ein hektisches Herumzappeln des Pferdes. Oft ist nämlich folgendes zu beobachten: Das Pferd ist ruhig, solange es am losen Zügel herumsteht. Will der Reiter in die Prüfung einreiten und nimmt den Zügel auf, steht das Pferd sofort unter Spannung, weil es weiß, daß der Reiter mit Aufnehmen der Zügel eine Bewegung von ihm erwartet. Übereifrige Pferde verfallen dabei leicht in hektisches auf-der-Stelle-treten, weil sie nicht wissen, wohin.

Das Aufnehmen der Zügel dient dazu, das Pferd im Genick nachgeben zu lassen und es aufmerksam zu machen. Es ist für sich allein noch kein Signal für eine Bewegung.

Erst durch weitere Hilfen wie z.B. Schenkeldruck, Gewichtsverlagerung oder ein Anheben der Hände werden Bewegungsimpulse gegeben.

Im richtigen Moment aufhören

Ein wichtiger Aspekt für dauerhaften Erfolg bei der Ausbildung des Pferdes ist die Fähigkeit des Reiters, immer genau dann mit einer Übung aufzuhören, wenn das Pferd sie genau richtig ausgeführt hat.

Übt er über den Punkt hinaus, an dem das Pferd seine Sache gut genug gemacht hat, immer wieder dieselbe Lektion, so macht er das Pferd sauer.

Will er dem Pferd einen bestimmten

15

Bewegungsablauf beibringen, sollte er immer dann aufhören, wenn das Pferd die Bewegung richtig (d.h. wie vom Reiter gewünscht) koordiniert hat.

Beispiel: Er will, daß das Pferd bei einer Hinterhandwendung bzw. dem Spin das innere Hinterbein stehenläßt. Sobald das Pferd wenige Tritte auf diesem Bein stehengeblieben ist, hört der Reiter auf, lobt und läßt es eine Weile in Ruhe.

Das Pferd merkt sich, daß die Arbeit sofort aufhört, wenn es in erwünschter Weise reagiert und bleibt das nächste Mal eher auf dem inneren Hinterbein stehen. Dann kann es der Reiter einen Schritt weiter drehen lassen - und hört dann auf.

Oder der Reiter will, daß ein (unerfahrenes) Pferd rückwärts geht. Mit dem ersten Tritt, den das Pferd aufgrund des angenommenen Zügel rückwärts geht, gibt er sofort mit dem Zügel nach und belohnt die richtige Reaktion des Zurücktretens mit dem losen Zügel.

Welche Grundlagen müssen Reiter und Pferd beherrschen?

Grundlagen des Western-Reitens für alle Lektionen und Prüfungen sind:
- der korrekte Sitz des Reiters in allen Gangarten
- das geradegerichtete, taktreine und lockere Pferd in allen Gangarten
- die sichere Kontrolle von Schulter und Hinterhand des Pferdes durch den Reiter
- korrektes Rückwärtsrichten (als Gradmesser für Durchlässigkeit und Gymnastizierung)
- die diagonale Durchlässigkeit des Pferdes als Grundlage für die Versammlung.

Über den Sitz des Reiters wollen wir in diesem Buch nicht sprechen. Er wird vorausgesetzt, da dieses Buch sich hauptsächlich an fortgeschrittenere Reiter richtet.

Geraderichten, Schulter- und Hinterhand-Kontrolle sowie Rückwärtsrichten sollten jeweils in einzelne Trainingseinheiten aufgeteilt werden, z.B. heute hauptsächlich Schulterarbeit, morgen Hinterhandkontrolle, übermorgen Rückwärtsrichten.

Die Trainingseinheiten sollten bei jungen Pferden nicht zu stark untereinander gemischt werden, um das Pferd nicht zu verwirren.

Warum geht mein Pferd schief?

Jedes Pferd ist von Natur aus schief, manche Pferde nach rechts, manche nach links. Das Pferd wird unter dem Reiter geradegerichtet, (siehe dort) um diese Naturschiefe zu korrigieren.

Ein Pferd ist von Natur aus schief. Es muß unter dem Reiter geradegerichtet werden.

Viele Pferde gehen aber auch schief, weil der Reiter einen Zügel kürzer hat als den anderen - oder weil er unbewußt schief sitzt.

Grundsätzlich muß der Reiter darauf achten, daß:
- seine Zügel gleichlang sind
- die Steigbügel gleichlang sind
- er beide Steigbügel und beide Gesäßknochen gleichmäßig belastet
- er den Oberkörper nicht aus der Hüfte verdreht.

Läuft das Pferd schief, auch wenn der Reiter gerade sitzt, ist es grundsätzlich steif

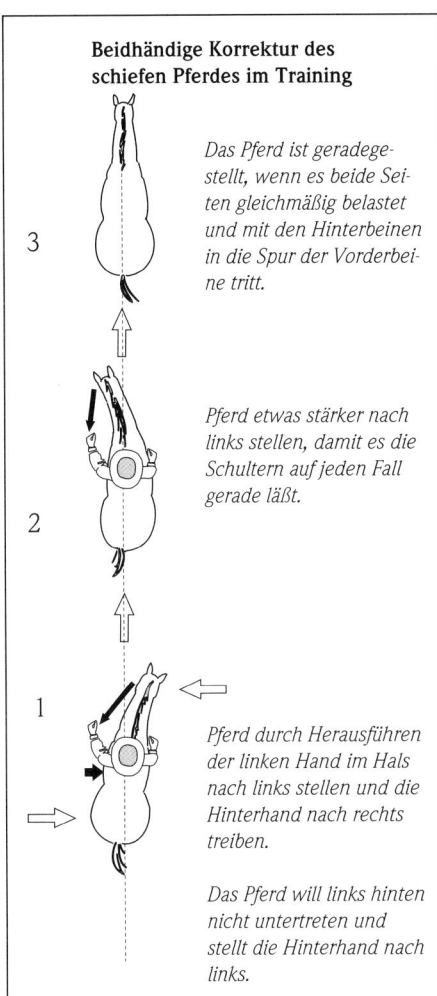

Beidhändige Korrektur des schiefen Pferdes im Training

3 *Das Pferd ist geradege-stellt, wenn es beide Sei-ten gleichmäßig belastet und mit den Hinterbeinen in die Spur der Vorderbei-ne tritt.*

2 *Pferd etwas stärker nach links stellen, damit es die Schultern auf jeden Fall gerade läßt.*

1 *Pferd durch Herausführen der linken Hand im Hals nach links stellen und die Hinterhand nach rechts treiben.*

Das Pferd will links hinten nicht untertreten und stellt die Hinterhand nach links.

Was bewirkt die Schiefe des Pferdes?

Ein schiefes Pferd ist nicht im Gleichge-wicht. Es tritt nicht mit den Hinterbeinen gleichmäßig unter seinen Schwerpunkt.

Ein schiefes Pferd ist für den Reiter unbe-quem zu sitzen und belastet seine Sehnen und Gelenke ungleichmäßig, was zu kör-perlichen Schäden führen kann.

Ein schiefes Pferd ist immer in seiner Beweglichkeit (hauptsächlich nach der steiferen Seite) blockiert. Jede anschließen-de Übung, die mit einem so blockierten Pferd geritten wird, wird verkrampft und schief aussehen oder völlig mißlingen.

Wenn ein Roll back oder ein Rückwärts-richten mit einem »verkanteten«, schiefen Pferd eingeleitet wird, klemmt das Pferd entweder - stockt also in der Bewegung, oder es widersetzt sich völlig, falls der Rei-ter versucht, es dann in dieser Lektion geradezurichten.

Wie richte ich das Pferd gerade?

Das geradegerichtete Pferd läuft mit der Hinterhand gerade unter sich und hat den Hals gerade zwischen den Schultern, den Kopf senkrecht. Es trägt auf der Geraden mit beiden Hinterbeinen gleichviel Gewicht und tritt mit der Hinterhand in die Spur der Vor-hand. Dadurch, daß die Hinterhand etwas schmaler läuft als die Vorhand, befindet sich der Abdruck beider Hinterbeine etwas inner-halb der Spur der Vorhand. (Das auf gebo-genen Linien, z.B. auf dem Zirkel, »geradege-richtete« Pferd nimmt vermehrt auf dem inneren Hinterbein sein Gewicht auf.)

auf einer Seite und stellt auf dieser Seite die Hinterhand seitlich heraus, weil es nicht untertreten will. Auf dieser Seite muß es dann vermehrt gearbeitet - insbe-sondere gebogen werden, so daß es auch mit dem Hinterfuß auf der steiferen Seite gut unterzutreten lernt.

(Das Untertreten erfordert eine stärkere Winkelung der Gelenkgruppe Hüfte, Knie und Sprunggelenk, welche ungymnasti-zierten oder einseitig gymnastizierten Pfer-den - auf der steiferen Seite - schwerfällt.)

Schulterherein als dauerhafte Korrektur des schiefen Pferdes

Beim rechts schiefen Pferd korrigiert der Reiter durch Schulterherein mit linksgestelltem Pferd. Damit behebt er das Problem dauerhaft, denn das linke Hinterbein (siehe graue Hufspur) tritt dabei unter die Körpermitte, beugt sich mehr, nimmt vermehrt Last auf und wird dadurch stärker.

Auch für die Prüfung ist die vermehrte Zügelkontrolle sicherer.
Das linke Hinterbein muß jedoch bei der obengenannten Schiefe nach rechts **grundsätzlich** dazu gebracht werden, vermehrt unter den Schwerpunkt zu treten. Das Reiten von Schulterherein auf der linken Hand (mit der Bande als rechte Begrenzung) ist eine gute Korrekturübung, um das linke Hinterbein zum vermehrten Untertreten aufzufordern. Damit wird dieses - steifere - Hinterbein gymnastiziert, so daß das Pferd schließlich auf der Geraden beide Hinterbeine gleichmäßig stark zum Tragen einsetzen kann.

Schulterherein behebt das Schiefgehen dauerhaft durch Gymnastizierung des steiferen Beines.

Das Pferd kann beim Schulterherein auf der linken Hand durch die Begrenzung der Bande mit der Hinterhand nicht nach rechts ausweichen und muß bei korrekter Stellung und Biegung mit dem linken Hinterbein stark untertreten (d.h. vermehrt sein Gewicht aufnehmen).

Damit die Korrekturmaßnahme des Umstellens in Kopf und Hals auch ohne dauernden Schenkeleinsatz Erfolg hat, und nicht sofort der Kopf des Pferdes erneut nach rechts kommt und die linke Schulter wieder belastet wird, sobald der Reiter mit der Korrekturhilfe aufhört, wird das Pferd **kurzfristig** etwas stärker nach links gestellt als es eigentlich nötig wäre, um es geradezurichten (nicht zu lange, sonst verkrampft sich das Pferd). Dadurch wird auf jeden Fall auch die Schulter in die richtige Position gebracht. (Das Pferd belastet dann beide Schultern gleichmäßig, auch wenn der Reiter kaum oder gar nicht mit dem

Stellt das Pferd auf der Geraden Kopf und Hals in eine Richtung, so belastet es das Hinterbein auf der Seite, nach der es sich stellt, sowie die gegenüberliegende Schulter und läuft in sich schief.
Stellt es sich beispielsweise nach rechts, so belastet es die linke Schulter und drängelt über die linke Schulter diagonal nach links. Das linke Hinterbein trägt weniger Gewicht als das rechte. Das vermehrt untertretende rechte Hinterbein schiebt das Pferd diagonal nach links über die linke Schulter. Der Reiter muß nun die Stellung des Pferdes korrigieren. Im obigen Beispiel stellt er den Kopf des Pferdes nach links und drückt mit dem linken Schenkel am Bauchgurt (vorsichtig, mit sehr wenig Druck) das Pferd nach rechts herüber, um es wieder geradezurichten.
Anfangs kann beim Geraderichten mehr mit dem Zügel korrigiert werden (so lange, bis das Pferd auf beiden Seiten gleich gut gymnastiziert ist). Zu starke Schenkelhilfen machen manche Pferde schnell und schlecht kontrollierbar, wenn sie noch nicht auf beiden Seiten gleichmäßig gymnastiziert sind.

Schenkel korrigiert.) Versucht das Pferd den Kopf wieder über die Gerade hinaus nach rechts zu drehen, so ist aber die linke Schulter noch gerade, und der Reiter kann das Pferd nur mit einer leichten Zügelkorrektur links und dem verwahrenden linken Schenkel gerade halten.

Anfangs - mit jungen Pferden - trainiert man das Geradeausgehen an der langen Seite. Später entfernt man sich immer weiter von der Bande, um das Pferd an ein Geradeauslaufen ohne sichtbare Begrenzung zu gewöhnen und es auf die Gewichts- und Zügelhilfen des Reiters zu sensibilisieren. Die Mittellinie ist eine brauchbare Gerade für Übungen zum Geraderichten.
Der Reiter sollte sich beim Reiten auf der Mittellinie immer einen Fixpunkt an der kurzen Seite suchen, gerade darauf zu reiten und seinen Blick darauf richten. Dadurch sitzt er selbst gerade und spürt damit ein seitliches Wegdriften des Pferdes viel schneller. Er darf nicht auf den Hals des Pferdes hinunterschauen.

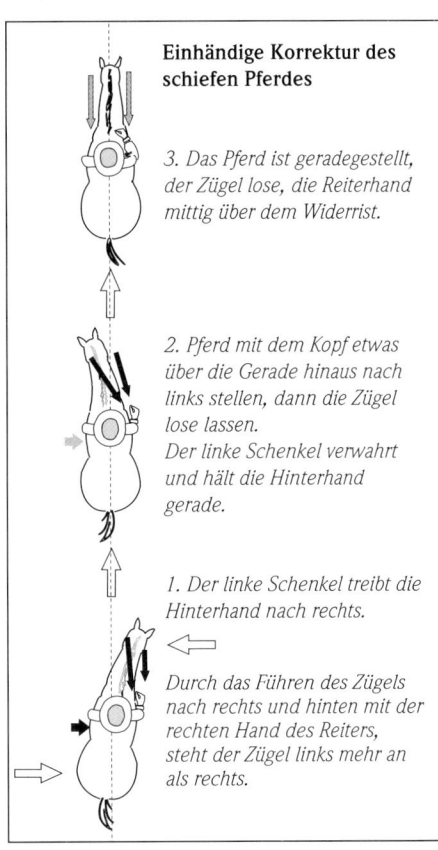

Einhändige Korrektur des schiefen Pferdes

3. Das Pferd ist geradegestellt, der Zügel lose, die Reiterhand mittig über dem Widerrist.

2. Pferd mit dem Kopf etwas über die Gerade hinaus nach links stellen, dann die Zügel lose lassen.
Der linke Schenkel verwahrt und hält die Hinterhand gerade.

1. Der linke Schenkel treibt die Hinterhand nach rechts.

Durch das Führen des Zügels nach rechts und hinten mit der rechten Hand des Reiters, steht der Zügel links mehr an als rechts.

Nur ein Pferd, welches sich rhythmisch, mit beidseitig gleichlangen Schritten vorwärtsbewegt, kann gerade gehen.

In der Prüfung
Muß man in der Prüfung einhändig reiten, so gibt es einen Trick, mit dem man einen Zügel stärker annehmen kann, um das Pferd trotzdem in der Stellung zu korrigieren, wenn es noch Schwierigkeiten mit dem Geradeauslauf hat.
Nehmen wir wieder das obige Beispiel: Das Pferd drängelt nach links und stellt sich nach rechts.
Der Reiter nimmt nun die Zügelhand so weit nach rechts über den Mähnenkamm herüber und etwas nach hinten/oben (in Richtung seines eigenen Bauches), bis der linke Zügel ansteht (er verkürzt sich durch die Bewegung der Hand nach rechts) und er damit das Pferd nach links umstellen kann. Dazu drückt er dann leicht mit dem linken Schenkel am Gurt das Pferd in die Gerade zurück (siehe auch Grafik oben).
Es ist dies genau das, was beim normalen Neck-Reining nicht passieren darf, nämlich das zu weite Herüberführen der Hand über den Mähnenkamm, so daß der Druckzügel, der beim korrekt ausgebildeten Pferd nur lose am Hals anliegen sollte, ansteht.
Als Korrekturtrick für noch nicht sicher im

Neck-Reining gehende Pferde ist es jedoch ganz nützlich.

Sinnvoller ist es allerdings, solche noch nicht fertig ausgebildeten Pferde noch nicht einhändig zu reiten.

Besonders im Galopp kommt die Naturschiefe des Pferdes deutlich heraus. Die Pferde neigen deswegen auch zum schiefen Angaloppieren bzw. galoppieren auf einer Hand lieber als auf der anderen. Kennt man die Schwierigkeit seines Pferdes auf einer Hand (im obigen Beispiel wäre es der Rechtsgalopp), so kann man beim Angaloppieren den linken Zügel leicht annehmen. Man bringt den Kopf des Pferdes damit nach links, macht die rechte Schulter freier und verhindert, daß es schon beim ersten Galoppsprung nach links drängelt und in einem unschönen (und natürlich vom Richter negativ bewerteten) Bogen schief angaloppiert - oder noch wahrscheinlicher im Linksgalopp landet.

Wie erhält der Reiter den Takt des Pferdes in der Biegung?

Biegt der Reiter das Pferd stark, so muß er es mehr versammeln, um den Takt zu erhalten. Er muß durch die vermehrte Aufrichtung des Pferdes in der Vorhand die Schultern freier machen. Tut er das nicht, so behindert der nach innen gestellte Hals die innere Schulter in ihrem Raumgriff. Das innere Vorderbein tritt kürzer, das äußere Hinterbein tritt nicht mehr unter den Schwerpunkt, sondern schleudert nach außen weg (es tritt nicht mehr in die Spur des äußeren Vorderbeines, sondern seitlich daneben nach außen), und der reine Takt geht verloren, weil das

Pferd sich nicht mehr auf beiden Seiten gleichmäßig trägt.

Je stärker ein Pferd gebogen ist, um so mehr muß es der Reiter versammeln, um den Takt zu erhalten.

Biegt er das Pferd jedoch weniger stark, so kann es flacher und weniger versammelt geritten werden, der Hals bleibt gerader und behindert die Schulter nicht. Die Hinterhand weicht nicht aus. Das Pferd bleibt dabei in der Oberlinie weitgehend horizontal - und hat in dieser Haltung die minimalste Rückenbewegung. Diese Art des Reitens ist für die Pleasure wichtig, bei der es vor allem auf die für den Reiter bequemen Bewegungen ankommt.

Wie versammle ich mein Pferd?

Hat das Pferd gelernt, auf treibende Schenkelhilfen zu reagieren und dem angenommenen Zügel nachzugeben, so kann es der Reiter leicht versammeln. Bei leichtem Zurückneigen des Oberkörpers (mehr Gewicht in den Sattel) und ein- bis zweimaligem Wadendruck schiebt sich das ausgebildete Pferd von allein zusammen (es weiß aus anderen Übungen: Zurücknehmen des Oberkörpers = langsamer werden; Schenkeldruck = Vorwärts der Hinterhand unter sich = Untertreten). Beim jungen Pferd wird der Reiter anfangs noch kurz die Zügel aufnehmen und mit der stehenden Hand die Vorwärtstendenz begrenzen müssen. Später kann dies entfallen und das Pferd ist am losen Zügel nur durch Wadendruck und tiefes Einsitzen zusammenzustellen. Der Schenkeldruck soll dabei in Form einer zweimaligen pumpenden Bewegung mit den Unterschenkeln erfolgen.

Wofür ist die Versammlung nötig?

Das Pferd soll aufmerksam gemacht werden auf nachfolgende Lektionen und die Hinterhand vermehrt unter seinen Schwerpunkt bringen. Es soll z.B. auf einen Gangartenwechsel oder einen Stop vorbereitet werden. Für einen weichen Übergang muß das Pferd die Hinterbeine vermehrt untersetzen und in der Schulter leicht werden (siehe auch Übergänge/ Pleasure).

Wie wird die Vorhand des Pferdes mit den Zügeln kontrolliert?

Das Pferd kann zwar leicht mit dem inneren, direkten Zügel gelenkt werden. (Es folgt dabei dem Zug am inneren Zügel.) Diese einfache Methode birgt jedoch in sich die Gefahr, daß das Pferd dem Zügel nur widerwillig folgt und über die äußere Schulter nach außen drängelt. Die Vorhand des Pferdes reagiert also verspätet - das Pferd stellt erst den Hals in die Wendung und folgt dann zäh mit der Schulter und den Vorderbeinen.

Besser ist es, das Pferd mit beiden Zügeln in die Wendung zu lenken.
Der äußere Zügel wird dabei mit angenommen. Der Reiter versetzt beide Hände in die Richtung, in die das Pferd gelenkt

werden soll. Beide Zügel sind dabei angenommen, der innere Zügel führt in die Wendung, der äußere begrenzt das Ausfallen der Schulter des Pferdes nach außen und verhindert, daß das Pferd den Hals zu sehr biegt.
Ist der Hals zu stark nach innen abgestellt, so behindert er die Beweglichkeit der inneren Schulter und damit des inneren Vorderbeines. Er soll weitgehend gerade zwischen den Schultern des Pferdes bleiben.
Lenkt der Reiter mit beiden Zügeln, so reagiert die Vorhand direkt. Das äußere Vorderbein überkreuzt bei einer engen Wendung das innere nach vorne.
Die Vorhand lenken heißt also: der Reiter bringt die Schulter des Pferdes zur Seite - und biegt nicht nur Hals und Kopf in die gewünschte Richtung.

Die Vorhand des Pferdes zu lenken bedeutet, die Schulter des Pferdes zu kontrollieren.

Beim jungen Pferd sind Kopf- und Halshaltung während der ersten Übungen mit der beidhändigen Zügelkontrolle erst einmal egal. (Es wird sich unter Umständen kurzfristig auch einmal nach außen stellen.) Wichtig ist nur, daß es seine Schulter in der richtigen Weise bewegt. Immer, wenn es ein paar Tritte richtig in die Wendung hinein gemacht hat, läßt der Reiter zur Belohnung den Zügel los und das Pferd wieder geradeaus gehen.

Was ist ein verwahrender Zügel und wofür ist er gut?

Der verwahrende Zügel hält Kontakt zum Maul des Pferdes. Er wird soweit ange-

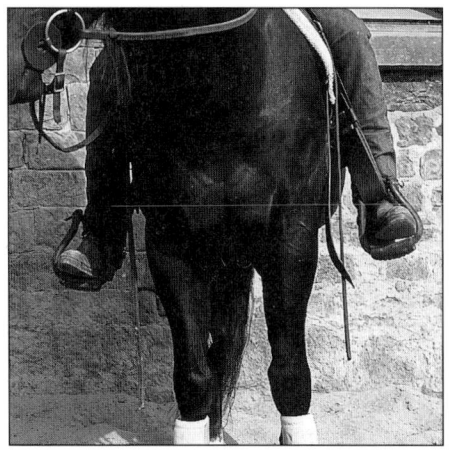

Gewichtshilfe: Austreten des rechten Bügels.

Die Zügelbrücke.

Wenn sich das Pferd dem verwahrenden Zügel nach oben oder nach hinten entziehen will, muß die Hand so weit zurückgenommen werden, daß der Zügel wieder leicht ansteht (im Beispiel um die Strecke A bzw. B).

Hand des Reiters

Die Wirkung des verwahrenden Zügels

Wie sieht eine effektive Zügel- und Handhaltung aus?

Die richtige Zügelhaltung ist wichtig, um mit dem Zügel schnell (und richtig) korrigieren zu können.

Die Zügel bilden bei der beidhändigen Zügelführung eine Brücke (siehe Bild oben). Die Unterarme sind parallel. Bei der einhändigen Zügelführung ist darauf zu achten, daß beide Arme bis zum Ellbogengelenk gleichmäßig herabhängen; die Schulter über der zügelführenden Hand soll auf der Geraden nicht weiter vorgeschoben werden als die andere Schulter.

Der Zügel wird im Normalfall nur **von Daumen und Zeigefinger gehalten** (sowohl bei der einhändigen als auch bei der beidhändigen Zügelführung). Alle anderen Finger sind beweglich, um leichte Zügelhilfen geben zu können (siehe Bilder S. 23 oben).

Für stärkeres Annehmen oder Nachgeben der Zügel bewegen sich die Unterarme aus dem Ellbogengelenk gerade, wie auf Schie-

nommen wie nötig, um das Pferd daran zu hindern, sich eigenmächtig zu biegen (und sich damit einer Hilfe zu entziehen). Der verwahrende Zügel ist oft der äußere. Z.B. hindert er das Pferd daran, in Wendungen über die Schulter nach außen wegzulaufen.

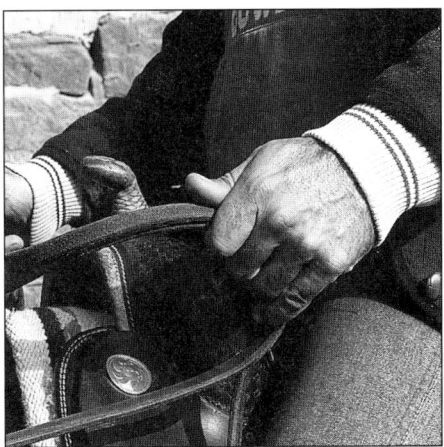

Daumen und Zeigefinger halten den Zügel fest...   *... die drei anderen Finger sind beweglich.*

nen, vor oder zurück. Unter Umständen kann der Reiter auch den Oberkörper etwas nach hinten lehnen. Bei einer starken Zügelhilfe müssen die Fäuste auf jeden Fall geschlossen sein, damit das

---

Je ruhiger der Reiter die Hand hält, desto ruhiger und harmonischer ist die Bewegung des Pferdes.

Pferd dem Reiter die Zügel nicht aus der Hand ziehen kann.

Um zu überprüfen, ob die Hände des Reiters ruhig genug sind, kann er einmal mit zwei aufrechten Gerten (in jeder Hand eine) reiten. Je weniger sich die Gerten bewegen, um so besser ist die Hand des Reiters. (Beim einhändigen Reiten tut es auch ein Wasserglas, welches in der jeweils freien Hand gehalten wird. Je weniger Wasser herausschwappt, um so besser.)

Es gilt: Je ruhiger der Reiter die Hand halten kann, desto weniger stört er das Pferd, desto ruhiger ist also auch das Pferd in seiner Bewegung.

Wie soll die Gewichtshilfe aussehen?

Die Gewichtsverlagerung geschieht durch verstärktes Austreten des Steigbügels nach unten, im Lot der Hüfte auf der entsprechenden Seite (siehe Bild S. 22 links oben). Der Oberkörper des Reiters soll bei einer Gewichtsverlagerung normalerweise nicht stark herübergeneigt werden. Schulter und Fußknöchel liegen etwa auf einer Linie.

Wie verhindert der Reiter einen einseitig schiefen Sitz?

Viele Reiter sind, wie ihre Pferde, auf einer Seite steifer als auf der anderen. Ein wenig Gymnastik und die Ausbildung von etwas mehr Körpergefühl (z.B. durch die Feldenkrais-Methode oder die Alexander-Technik) wären für die meisten Reiter von Vorteil. Wer jedoch schon eine Weile schief sitzt, wird anfangs viel Korrektur von außen brauchen, denn er empfindet das Schiefe als gerade, weil er sich daran gewöhnt hat.

Eine Übung zur Verbesserung von einseitigen Steifheiten kann jedoch der Reiter immer auch allein - direkt am Pferd - vornehmen:

Oft hat er durch das dauernde Aufsteigen auf der linken Seite des Pferdes den Steigbügel dort stärker ausgetreten. Dieser linke Steigbügel ist also meist minimal länger als der rechte, was zu einem leicht nach links verschobenen Sitz führen kann. Zudem bildet sich die Muskulatur des Reiters - besonders in den Beinen - unterschiedlich aus, wenn er immer von derselben Seite aufsteigt. Es ist dementsprechend eine gute Übung, abwechselnd von links und von rechts auf sein Pferd zu klettern. Wer es noch nie von rechts probiert hat, wird sich wundern, wie bewegungsblockiert er ist, wenn er von der »falschen« Seite aufsteigen will.

Beim Aufsteigen sollte man nie den ganzen Fuß in den Steigbügel setzen sondern nur die Fußspitze, damit man das Pferd nicht in die Rippen piekt.

(Die Anweisung, man steige grundsätzlich nur von links auf sein Pferd, kommt aus dem militärischen Reitunterricht, bei dem mit Säbel aufgestiegen werden mußte - sie hat heute keine Gültigkeit mehr.)

Was beinhaltet das Training der Schulterkontrolle?

Schulterkontrolle beinhaltet:

1. Das Laufen des Pferdes unter das Gewicht des Reiters.

Der Reiter belastet eine Seite des Pferdes stärker, indem er einen Steigbügel stärker austritt (sein Gewicht verlagert). Das Pferd soll nun mit der ganzen Vorhand unter die einseitige Belastung laufen, ohne seine innere oder äußere Schulter dabei festzumachen.

Auf dem Foto überdeutlich dargestellt: Das Pferd läuft nach rechts unter das Reitergewicht.

2. Kontrolle des Pferdes auch in Außenstellung:

Der Reiter muß die Stellung und Biegung des Pferdes sowie die Bewegung seiner Beine unabhängig von seiner Bewegungsrichtung kontrollieren können.

Wie entwickelt das junge Pferd Vertrauen zum Reitergewicht?

Das junge Pferd trägt zu Anfang des Trainings sein Hauptgewicht samt dem Hauptgewicht von Reiter und Sattel auf der Vorhand.

Der Reiter macht sich auch dies anfänglich zunutze und bringt dem Pferd bei, sowohl auf das Reitergewicht zu reagieren als auch zum Reitergewicht Vertrauen zu entwickeln.

Wenn der Reiter bei einem gerade laufenden jungen Pferd den rechten Steigbügel stärker belastet, so läuft das Pferd erst einmal nach rechts - es läuft unter das Reitergewicht, um sein eigenes Gleichgewicht zu wahren.

Nach einiger Zeit passiert es jedoch häufig, daß das Pferd sich gegen das »Laufen unter das Reitergewicht« sperrt. Es baut Gegendruck auf, indem es die gegenüberliegende Schulter belastet. Hauptsächlich dann, wenn der Reiter zu lange einseitig belastet und das Pferd um sein Gleichgewicht fürchten muß, weil es noch nicht in der Lage ist, dem Gewicht so lange zu folgen.

Den Gegendruck aufzubauen bedeutet für das Pferd eine unangenehme Anstrengung. Muß es ihn zu lange aufbauen, weil der Reiter sich nicht zwischendrin wieder geradesetzt, entwickeln sich daraus Steifheiten, die nur sehr mühsam zu korrigieren sind, denn das Pferd wird immer Angst um sein Gleichgewicht haben und der Korrektur entgegenzuwirken versuchen.

Daraus folgt: Gewichtshilfen müssen - besonders bei jungen Pferden - anfangs kurz kommen, sonst veranlassen sie das Pferd zu einer Gegenreaktion.

Anfangs werden maximal etwa 70 - 80 Zentimeter seitliches Laufen unter das Gewicht gefordert. **Erst wenn das Pferd gelernt hat,** Vertrauen zum Gewicht des Reiter zu haben und **sich und den Reiter als Gesamtgewicht zu akzeptieren, kann die Dauer der Gewichtsverlagerung gesteigert werden.**

Viele Reiter vergessen - auch bei älteren Pferden - sich nach einer Gewichtsverlagerung wieder gerade hinzusetzen und zwingen mit diesem Fehler das Pferd praktisch dazu, Gegendruck aufzubauen.

Als Beispiel für den vom Pferd aufgebauten Gegendruck: Der Reiter belastet den linken Steigbügel (zu lange); das Pferd sollte nach links unter das Reitergewicht laufen. Statt dessen belastet es jedoch nach kurzer Zeit seine rechte Schulter, um nicht nach links zu kippen. Es hat Angst, daß es der Reiter aus seinem Gleichgewicht bringt - hat also kein Vertrauen in die Gewichtshilfen des Reiters. Es läuft in Wendungen über die (hier rechte) Schulter nach außen, statt dem Gewicht zu folgen. Dieses Belasten der äußeren Schulter - der Gegendruck, den das Pferd aufbaut - gibt dem Reiter das Gefühl, daß ihn das Pferd in Wendungen nach außen setzt.

Gewichtshilfen dürfen beim jungen Pferd nicht lange dauern, sonst baut es Gegendruck auf.

Wie kann man den aufgebauten Gegendruck korrigieren?

Belastet der Reiter z.B. links und folgt das Pferd dem Gewicht nicht, sondern sperrt sich gegen die Gewichtshilfe des Reiters, so kann es der Reiter mit beiden Zügeln praktisch »anheben« und die gesamte Vorhand in die gewünschte Richtung herüberführen. Er nimmt dabei die Zügel etwas kürzer und führt beide Zügel nach links und etwas nach oben. (Die Kopfstellung des Pferdes ist dabei erst einmal nicht wichtig.) Zur Not können die Zügel bei diesem Herüberheben auch einmal mit

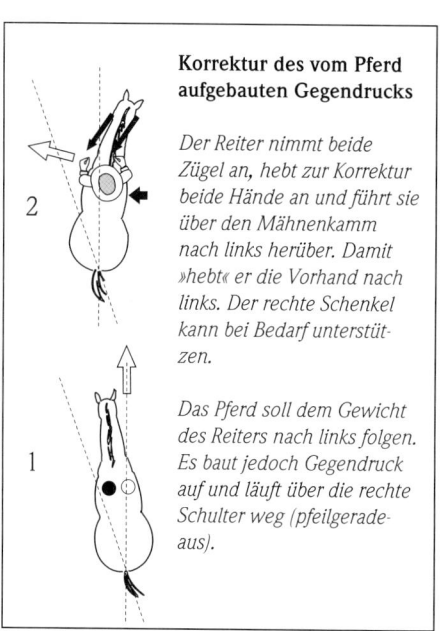

Korrektur des vom Pferd aufgebauten Gegendrucks

Der Reiter nimmt beide Zügel an, hebt zur Korrektur beide Hände an und führt sie über den Mähnenkamm nach links herüber. Damit »hebt« er die Vorhand nach links. Der rechte Schenkel kann bei Bedarf unterstützen.

Das Pferd soll dem Gewicht des Reiters nach links folgen. Es baut jedoch Gegendruck auf und läuft über die rechte Schulter weg (pfeilgeradeaus).

viel Druck angenommen werden. Der rechte Zügel baut dabei naturgemäß etwas mehr Druck auf (durch das Herüberheben der Hände über den Mähnenkamm ist er etwas kürzer). Er begrenzt damit automa-

tisch das Ausfallen der rechten - äußeren - Schulter. Dem Pferd soll nur deutlich klarwerden: es muß unter das Gewicht des Reiters laufen, wenn die entsprechende Gewichtshilfe kommt.

Reagiert das Pferd auch auf den Zügel nicht, so drückt (oder klopft bei Bedarf) der rechte Schenkel des Reiters am Bauchgurt. Die Schulter soll jedoch normalerweise möglichst nur über den Zügel und das Gewicht kontrolliert werden. Der Schenkel ist nur in Notfällen für die Schulterkontrolle einzusetzen - er sollte vermehrt für die Hinterhandkontrolle reserviert bleiben.

Wie erreiche ich die weitergehende Schulterkontrolle?

Die Arbeit in Außenstellung im Trab ist ein grundlegender Pfeiler der Schulterkontrolle. Zuerst wird dies an der langen Seite mit Stellung zur Bande geübt, später wird eine Ecke in Außenstellung mitgenommen. Daraus wird die Arbeit auf dem Zirkel abgeleitet, die ja ein einfaches Abrunden der Ecken in Außenstellung darstellt (Grafik S. 28).

Um das Pferd nicht zu überanstrengen und nicht sauer zu machen, wird die Arbeit in Außenstellung sehr langsam gesteigert.

Erst wird nur eine kurze Seite - keine Ecken - Außenstellung verlangt. Dann wird das Pferd drei Seiten lang in Ruhe gelassen. Aufbauend wird danach mal eine lange Seite verlangt und schließlich die erste Ecke in Außenstellung mitgenommen. Es ist wichtig, immer früh genug aufzuhören - damit vermeidet man Widerstand und Unwillen bei der Arbeit.

Man beginnt mit etwas Schrittarbeit und fängt mit der Trabarbeit an, sobald das Pferd im Schritt begriffen hat, was es tun soll. Der Trab eignet sich besser für diese biegende Arbeit, weil man die stärkere Vorwärtstendenz nutzen kann.

Das Pferd soll anfangs nur dem äußeren Zügel nachgeben. Es muß nicht versammelt sein - der innere Zügel wird nicht benutzt. (Innen und außen hier in der klassischen Bedeutung vertauscht; innen eigentlich da, wohin das Pferd gestellt ist, hier jedoch in Bezug zur Bande verwendet.)
Anfänglich kann man den Hals extrem stark nach außen abstellen - bis zu 60 Grad (viel stärker als das Pferd gebogen ist, um es nur daran zu gewöhnen, dem Zügel nachzugeben).
Später stimmt man die Abstellung des Halses mit dem inneren Zügel feiner ab. Dieser wird etwas angenommen und verhindert durch leichtes Gegenhalten (in Richtung Bauch des Reiters) ein zu starkes Abstellen des Halses nach außen. Mit dieser Arbeit wird das Pferd auch zum Nachgeben im Genick veranlaßt. Der innere Zügel ist für die Versammlung zuständig. Er wirkt diagonal auf das äußere Hinterbein.

Als Beispiel: Der Reiter befindet sich auf der rechten Hand. Er stellt nun das Pferd mit dem linken Zügel nach außen (zur Bande hin). Reagiert das Pferd ohne Widerstand im Genick auf diesen stellenden linken Zügel, so nimmt der Reiter zusätzlich den rechten Zügel ein wenig an, begrenzt damit die Stellung nach rechts, veranlaßt das Pferd, im Genick nachzugeben und stellt es zusammen.
Der kontrollierende und versammelnde Zügel (im Beispiel der rechte) wirkt leicht zur Seite nach rechts und bei Bedarf Richtung Reiter nach hinten, der stellende Zügel, welcher das Pferd auch zum Nachgeben im Genick veranlaßt (im obigen Beispiel der linke), wirkt leicht zur Seite nach rechts, Richtung linke Hüfte des Reiters.

Diese Arbeit ist vergleichbar mit dem Schulterherein der englischen Reitweise.
Das Arbeiten in der Außenstellung zu

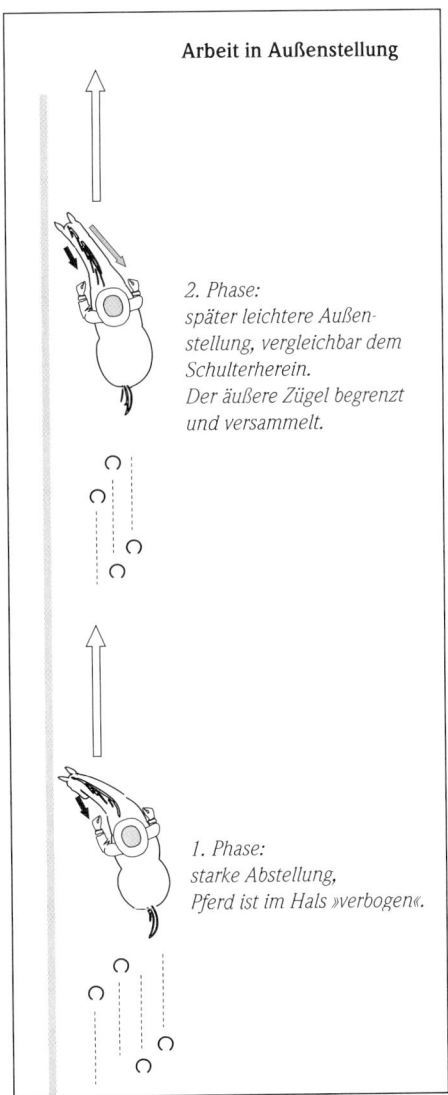

Arbeit in Außenstellung

*2. Phase:
später leichtere Außenstellung, vergleichbar dem Schulterherein.
Der äußere Zügel begrenzt und versammelt.*

*1. Phase:
starke Abstellung,
Pferd ist im Hals »verbogen«.*

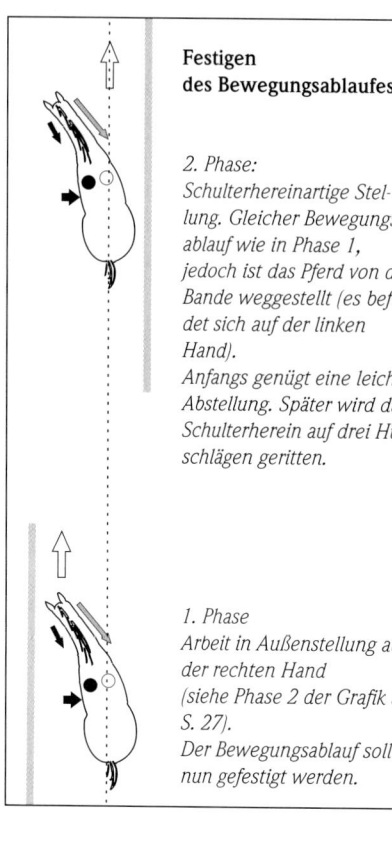

Festigen des Bewegungsablaufes

2. Phase:
Schulterhereinartige Stellung. Gleicher Bewegungsablauf wie in Phase 1, jedoch ist das Pferd von der Bande weggestellt (es befindet sich auf der linken Hand).
Anfangs genügt eine leichte Abstellung. Später wird das Schulterherein auf drei Hufschlägen geritten.

1. Phase
Arbeit in Außenstellung auf der rechten Hand
(siehe Phase 2 der Grafik auf S. 27).
Der Bewegungsablauf soll nun gefestigt werden.

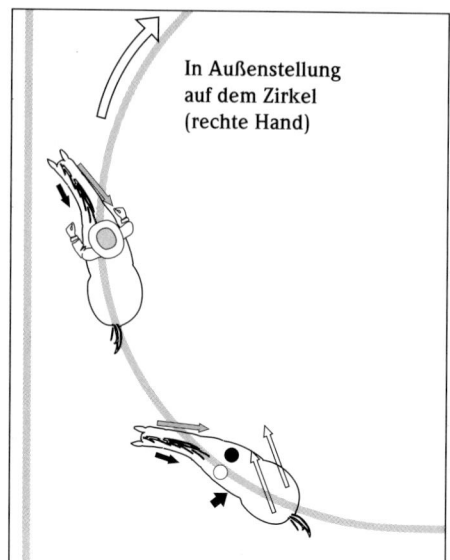

In Außenstellung auf dem Zirkel (rechte Hand)

Das Gewicht des Reiters ist rechts, seine rechte Hüfte und rechte Schulter sind vorne. Das Pferd ist nach links gestellt. Der linke Schenkel hält die Hinterhand innen. Der rechte Zügel begrenzt. Der linke Zügel stellt das Pferd. Das linke Hinterbein des Pferdes tritt unter die Körpermitte des Pferdes nach vorne rechts/innen. Das rechte Hinterbein tritt nach vorne rechts in die Kreismitte hinein.

Beginn der Schulterhereinübungen hat gegenüber der englischen Methode jedoch den Vorteil, daß das Pferd anfangs vor sich die Bande sieht - und nicht versucht, der Stellung durch den Zügel zu folgen, indem es auch in diese Richtung läuft. Der Reiter muß deswegen anfangs bei dieser Methode nicht dauernd mit den Schenkeln einwirken und nicht ständig mit dem kontrollierenden Zügel gegenhalten, um das Pferd auf dem Hufschlag zu halten; das Pferd fühlt sich dementsprechend nicht zwischen Hand und treibendem Schenkel eingezwängt und leistet weniger Widerstand. Es gerät nicht unter negativen Streß.
Durch die anfänglich zu starke Abstellung im Hals hat das Pferd später mit der weniger starken Abstellung, die durch den kon-

trollierenden Zügel begrenzt wird, wenig Probleme - es fällt ihm leicht. Es fühlt sich nicht unter Druck gesetzt - weder körperlich noch psychisch.

Nachdem das Pferd auf einer Seite die Außenstellung begriffen hat, arbeitet man es in der gleichen Stellung auf der anderen Hand (dort ist es dann das Schulterherein mit Innenstellung) und lehrt es, dem Zügeldruck sowohl durch Einziehen der Nase (Nachgeben im Genick) als auch durch Stellung und Biegung nachzugeben. Hat man bei der Außenstellung auf der rechten Hand den Kopf des Pferdes nach links gestellt, so erhält man auf der linken Hand diese Stellung. Es geht dabei um die Festigung der Kopfstellung und des Bewegungsablaufes.

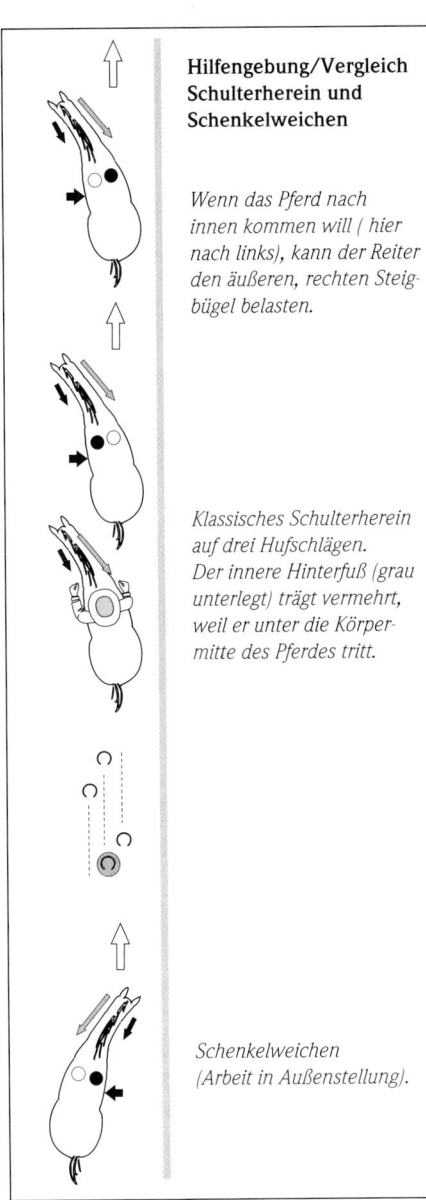

**Hilfengebung/Vergleich
Schulterherein und
Schenkelweichen**

*Wenn das Pferd nach
innen kommen will (hier
nach links), kann der Reiter
den äußeren, rechten Steigbügel belasten.*

*Klassisches Schulterherein
auf drei Hufschlägen.
Der innere Hinterfuß (grau
unterlegt) trägt vermehrt,
weil er unter die Körper-
mitte des Pferdes tritt.*

*Schenkelweichen
(Arbeit in Außenstellung).*

In Außenstellung lernt das Pferd durch die begrenzende Bande, daß es nach vorne nicht weg kann. In der Innenstellung soll der Bewegungsablauf auch ohne Bande gefestigt werden. Will das Pferd in Innenstellung in die Bahn hineinlaufen, so bela-

stet der Reiter bei Bedarf den äußeren Steigbügel, um es außen zu halten. Der äußere Zügel (hier der rechte) hält das Pferd außen (Vorsicht: anfangs nicht zuviel Innenstellung - hier Linksstellung).

Mit der guten Seite beginnt man (etwa 40 % der Zeit) und arbeitet danach auf der schlechten Seite (etwa 60 % der Zeit). Auf der schlechten Seite können die Anforderungen geringer sein, um keinen Widerstand zu provozieren: also weniger Abstellung, weniger Biegung, dafür längere Zeit.

Neben der Festigung der Schulterkontrolle **versammelt das Schulterherein** das Pferd, weil es vermehrt mit dem inneren Hinterfuß unter seinen Schwerpunkt treten muß. Das äußere Hinterbein kann nicht nach außen ausfallen, weil es die Bande daran hindert.

Wie erreiche ich die Schenkelkontrolle?

Das Pferd ist ein Wirbeltier, dessen Wirbelsäule eine gewisse Starrheit hat.
Daraus resultiert: Wenn der Reiter den Kopf des Pferdes stark nach links stellt, wird das Pferd mit der Hinterhand nach rechts ausweichen, um zu verhindern, daß die Wirbelsäule schmerzhaft überbogen wird (siehe Grafik S. 30).
Das Pferd wird natürlicherweise immer mit der Hinterhand ausweichen. Da die Vorhand schwerer ist als die Hinterhand (durch das Gewicht von Kopf und Hals) und aufgrund ihrer Stellung mehr stützende als tragende Funktion hat (keine gewinkelten Gelenke), wird das Pferd immer mit der beweglicheren Hinterhand wegtreten. Eine Drehung mit der Hinterhand als Drehpunkt kostet das Pferd mehr Kraft als

eine Wendung auf der Vorhand (mit Drehpunkt Vorhand).

Das Pferd lernt Schenkelhilfen mit Hilfe einer natürlichen Ausweichreaktion auf Zügelhilfen.

Mit dieser natürlichen Reaktion des Ausweichens der Hinterhand kann der Reiter junge Pferde an die Schenkelhilfe heranführen. Er drückt immer zusätzlich mit dem linken Schenkel, wenn er den Kopf des Pferdes nach links stellt - das Pferd weicht mit der Hinterhand nach rechts aus - und verbindet bald den Schenkeldruck links mit einem Ausweichen der Hinterhand nach rechts. **Die Zügelhilfe kann später minimiert werden,** und das Pferd reagiert vermehrt auf den Schenkeldruck. Viel schwerer wäre es, das Pferd zum Ausweichen nur auf Schenkeldruck zu veranlassen, ohne den Kopf zur Hilfe zu nehmen. Das Pferd würde mit Gegendruck reagieren, wenn der Schenkel des Reiters drücken würde - noch stärker wäre die Reaktion des Gegendrucks, wenn der Reiter den Sporen zur Hilfe nähme. Schon mit solchen grundlegenden Übungen wie der Reaktion auf Schenkel und Gewicht des Reiters würde beim Pferd der erste Ungehorsam und der erste »Arbeitsstreß« provoziert, könnte man sich nicht die natürlichen körperlichen Gegebenheiten ohne Druck zunutze machen.

Was tut der verwahrende Schenkel?

Der verwahrende Schenkel kontrolliert die Körperstellung des Pferdes. Er verhindert, daß das Pferd sich nach einer Seite den Hilfen entziehen kann. Er liegt nicht dauernd mit Druck an, sondern übt nur dann und genau so viel Druck aus, um einen Körperteil des Pferdes in einer bestimmten

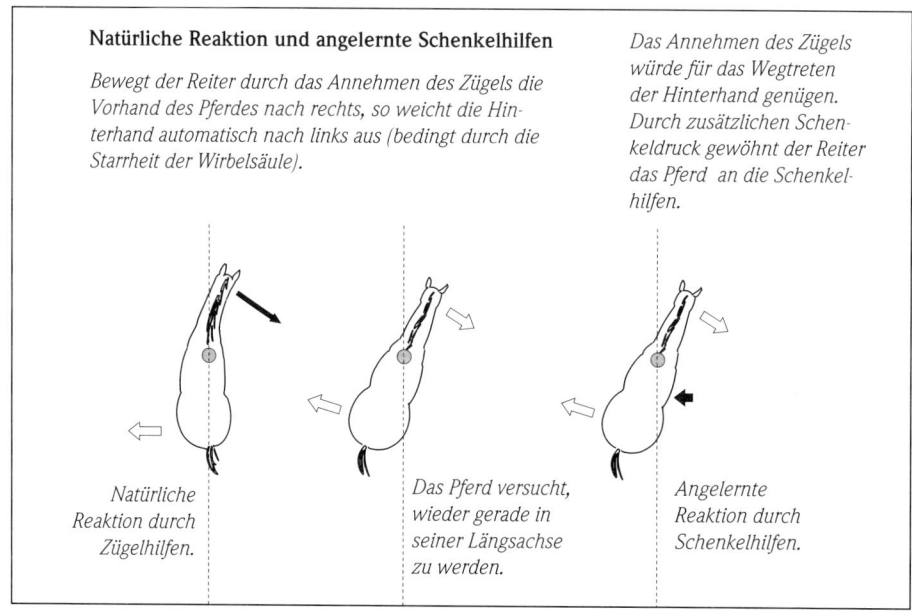

Natürliche Reaktion und angelernte Schenkelhilfen

Bewegt der Reiter durch das Annehmen des Zügels die Vorhand des Pferdes nach rechts, so weicht die Hinterhand automatisch nach links aus (bedingt durch die Starrheit der Wirbelsäule).

Das Annehmen des Zügels würde für das Wegtreten der Hinterhand genügen. Durch zusätzlichen Schenkeldruck gewöhnt der Reiter das Pferd an die Schenkelhilfen.

Natürliche Reaktion durch Zügelhilfen.

Das Pferd versucht, wieder gerade in seiner Längsachse zu werden.

Angelernte Reaktion durch Schenkelhilfen.

Stellung zu halten. Er verhindert, daß Vor- oder Hinterhand selbständig die vom Reiter vorgegebene Stellung verlassen.

Er wirkt oft mit dem seitwärtstreibenden Schenkel zusammen, um das Seitwärtstreten der Hinterhand zu kontrollieren.

Was versteht man unter diagonaler Hilfengebung?

Diagonale Hilfengebung bedeutet, daß das Annehmen des Zügels auf einer Seite das Hinterbein des Pferdes auf der anderen Seite zum vermehrten Abfangen des Gewichtes veranlassen soll. Das Pferd ist dann diagonal durchlässig, wenn es auf Annehmen eines Zügels jeweils den gegenüberliegenden Hinterfuß stärker untersetzt.

Die diagonale Hilfengebung ergibt sich aus der relativen Steifheit der Wirbelsäule des Pferdes. Wenn der Reiter am rechten Zügel zieht, biegt das Pferd den Hals nach rechts. Zieht er weiter, so tritt die Hinterhand nach links weg, weil sich die Wirbelsäule des Pferdes in Längsrichtung nicht sehr weit biegen kann. Das äußere Hinterbein fängt also die für das Pferd nicht mehr angenehme Spannung in der Wirbelsäule durch einen Schritt zur Seite ab. (Siehe auch Abschnitt: Wie erreiche ich die Schenkelkontrolle?)

Stellt und biegt der Reiter nun das Pferd in der Vorwärtsbewegung nach rechts und begrenzt gleichzeitig mit dem äußeren (hier linken) Schenkel durch Druck das Ausfallen der Hinterhand nach links und mit leichtem Gegenhalten am linken Zügel das Ausweichen der Schulter nach links, so bleibt dem Pferd nichts anderes übrig, als das äußere Hinterbein statt zur Seite, wo ja der Schenkel gegendrückt, weiter unter sich zu setzen.

Hat das Pferd gelernt, durch Nachgeben im Genick dem Annehmen des Zügels zu folgen, macht also den Hals-, Genick- und

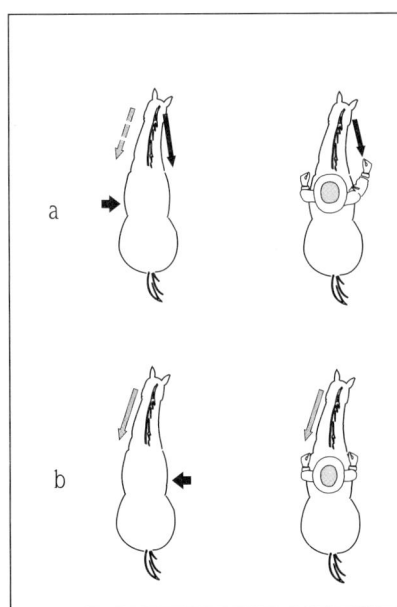

Diagonale Kontrolle

a / anfangs:
Der innere Zügel stellt das Pferd deutlich, der äußere Schenkel hindert die Hinterhand am Ausweichen.
Daraus folgt: Das äußere Hinterbein bleibt trotz Biegung unter dem Pferd und trägt zusammen mit dem inneren Hinterbein, welches das meiste Gewicht in der Biegung aufnimmt.
(Der äußere Zügel begrenzt dann, wenn das Pferd sich im Hals zu stark biegt.)

b / später:
Der innere Zügel wird unwichtiger, die diagonale Kontrolle funktioniert am versammelnden äußeren Zügel. Das innere Hinterbein tritt vermehrt unter. Es wird bei Bedarf mit Schenkeldruck noch weiter zum Tragen animiert.

Schulterbereich nicht mehr fest, wenn der Reiter den Zügel annimmt, so kann es der Reiter mit diagonalen Hilfen versammeln. Er kann anfangs erst das eine, dann das andere Hinterbein in oben beschriebener Manier mit dem Annehmen des entgegengesetzten Zügels zum Untersetzen anregen. Später läßt er die Hand stehen und fordert das Pferd mit beidseitigen kurzem Schenkeldruck zum beidseitigen Untersetzen der Hinterbeine auf. Beim noch weiter ausgebildeten Pferd reicht dann nur noch der Schenkeldruck (siehe auch Abschnitt Versammlung) und das Aufrichten des Reiters im Oberkörper samt leichter Gewichtsverlagerung nach hinten, um die Versammlung zu erreichen.

Die Tatsache, daß ein Pferd in der Biegung mit dem äußeren Zügel kontrolliert wird (sowohl hinsichtlich der Stärke seiner Biegung als auch hinsichtlich seiner Versammlung), beruht auf der diagonalen Wirkung der Hilfen.

Wie festigt man den Schenkelgehorsam?

Das **Schenkelweichen**, bei dem das Pferd mit der Hinterhand dem drückenden Schenkel ausweichen soll, festigt den Schenkelgehorsam und gymnastiziert gleichzeitig das Pferd. Jedoch ist die versammelnde Wirkung bei weitem nicht so hoch wie beim Schulterherein. Auch eine Vorhandwendung kann das Pferd vermehrt auf den Schenkeldruck sensibilisieren. **Vorhandwendungen** sind jedoch - außer im Trail bei manchen Hindernissen - im Westernreiten nicht besonders gebräuchlich und sollten auch nicht bevorzugt trainiert werden, da das Augenmerk bei der Ausbildung des Westernpferdes

doch vermehrt darauf liegt, die Hinterhand zum Arbeiten (oft auch zum Arbeiten auf der Stelle wie beim Spin oder Roll back) anzuregen.

Wie erreiche ich weitergehende Schenkelkontrolle und damit Hinterhandkontrolle?

Hinterhand herausschwingen lassen.
Für weitergehende Kontrolle der Hinterhand des Pferdes kann z.B. auf dem Zirkel gearbeitet werden. Erst im Schritt, später im Trab fordert der Reiter durch Druck mit dem inneren Schenkel das Pferd dazu auf, mit der Hinterhand kurz nach außen zu schwingen. Jeweils nur für einen Schritt oder Trabtritt. Dann nimmt er sofort den Schenkel weg - und die Hinterhand kommt wieder nach innen. Nimmt er den Schenkel nicht schnell genug wieder weg, wird das

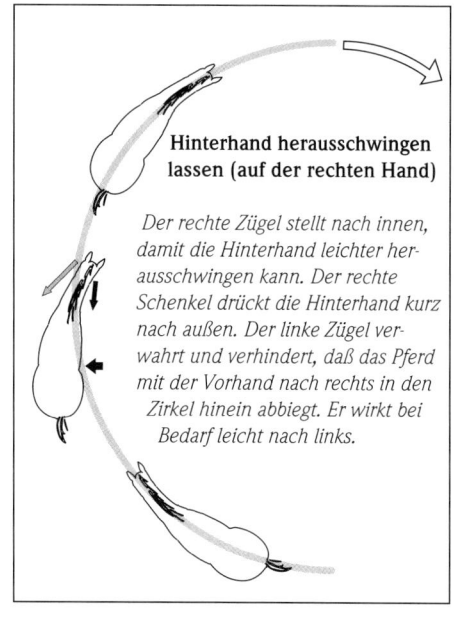

Hinterhand herausschwingen lassen (auf der rechten Hand)

Der rechte Zügel stellt nach innen, damit die Hinterhand leichter herausschwingen kann. Der rechte Schenkel drückt die Hinterhand kurz nach außen. Der linke Zügel verwahrt und verhindert, daß das Pferd mit der Vorhand nach rechts in den Zirkel hinein abbiegt. Er wirkt bei Bedarf leicht nach links.

Pferd nach den ersten Ergebnissen wieder stumpf reagieren. Das veranlaßt den Reiter normalerweise, mit vermehrtem und längerem Schenkeldruck, das Pferd wieder zum Weichen zu zwingen. Das Pferd kommt dabei eher unter Streß und »lernt«, eher langsamer als schneller zu reagieren.

Wichtig bei dieser Übung ist es, daß die Hinterhand wirklich locker schwingt und daß der Takt der Gangart nicht unterbrochen wird.

Travers und Renvers

Zudem können zusätzlich zum Schenkelweichen und zum Schulterherein (bzw. Arbeit in Außenstellung, siehe dort) verschiedene Arten von Seitengängen trainiert werden. Travers und die Traversale sowie das Renvers sind sehr hilfreich für die Gymnastizierung des Pferdes.

Beim **Travers** wird die Kruppe des Pferdes (bei Arbeit an der langen Seite) in die Bahn hereingestellt, so daß das Pferd mit der Hinterhand seitlich versetzt auf dem zweiten Hufschlag (neben der Vorhand) läuft. Die Vorhand und die Hinterhand bleiben dabei jeweils auf einer um etwa 30 - 40 cm versetzten Linie (siehe Abb.).

Beide dürfen ihre jeweilige Linie nicht verlassen. (Das Pferd geht dabei auf vier Hufschlägen.)

Der Reiter sitzt beim Travers in Bewegungsrichtung des Pferdes. Mit dem äußeren Schenkel treibt er die Hinterhand seitlich neben die Vorhand. Beim Travers auf

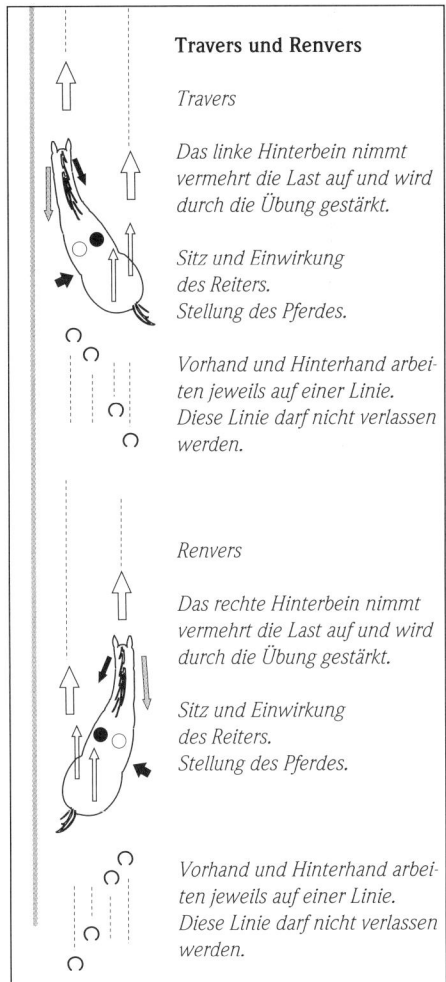

Travers und Renvers

Travers

Das linke Hinterbein nimmt vermehrt die Last auf und wird durch die Übung gestärkt.

Sitz und Einwirkung des Reiters. Stellung des Pferdes.

Vorhand und Hinterhand arbeiten jeweils auf einer Linie. Diese Linie darf nicht verlassen werden.

Renvers

Das rechte Hinterbein nimmt vermehrt die Last auf und wird durch die Übung gestärkt.

Sitz und Einwirkung des Reiters. Stellung des Pferdes.

Vorhand und Hinterhand arbeiten jeweils auf einer Linie. Diese Linie darf nicht verlassen werden.

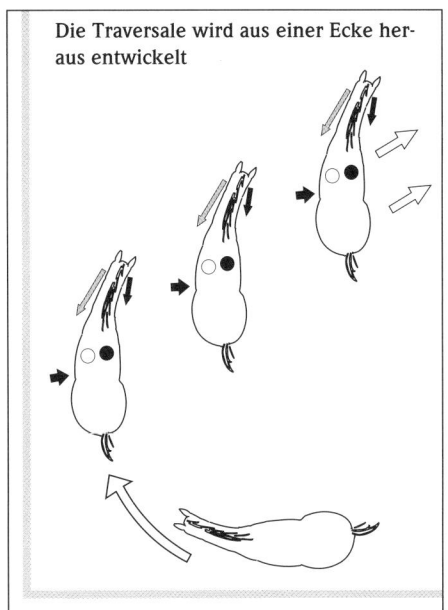

Die Traversale wird aus einer Ecke heraus entwickelt

33

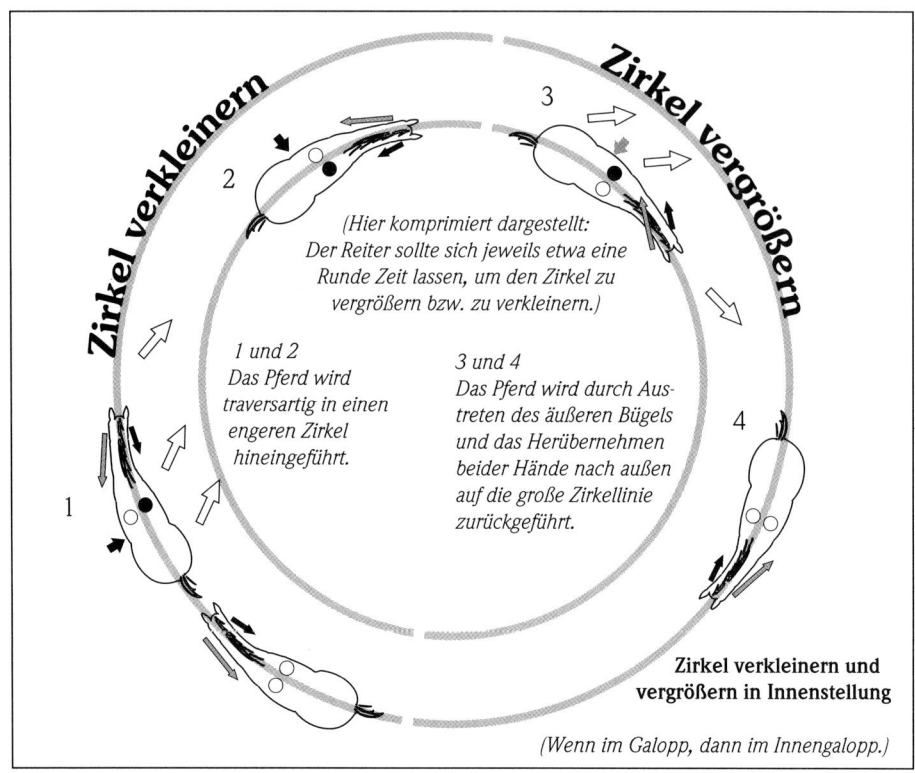

Zirkel verkleinern

Zirkel vergrößern

2

3

(Hier komprimiert dargestellt: Der Reiter sollte sich jeweils etwa eine Runde Zeit lassen, um den Zirkel zu vergrößern bzw. zu verkleinern.)

1

*1 und 2
Das Pferd wird traversartig in einen engeren Zirkel hineingeführt.*

*3 und 4
Das Pferd wird durch Austreten des äußeren Bügels und das Herübernehmen beider Hände nach außen auf die große Zirkellinie zurückgeführt.*

4

Zirkel verkleinern und vergrößern in Innenstellung

(Wenn im Galopp, dann im Innengalopp.)

der rechten Hand sitzt er also etwas nach rechts und treibt mit dem linken Schenkel die Hinterhand nach rechts. Das Pferd ist nach rechts gestellt und gebogen. Der linke Zügel begrenzt die Stellung und Biegung des Pferdes und versammelt es.

Aus dem Travers kann dann die **Traversale** entwickelt werden. Sitz und Einwirkung des Reiters bleiben wie beim Travers - jedoch bewegt sich das Pferd in der Diagonalen mit überkreuzenden Vorder- und Hinterbeinen seitwärts-vorwärts. Die Vorhand führt dabei (siehe Grafik S. 33).

Das Beherrschen der Traversale ist Vorbedingung für ein gebogenes Rückwärtsrichten (siehe dort).

Das Renvers ist prinzipiell ein Travers in Außenstellung des Pferdes (jedoch nicht zu vergleichen mit dem Schulterherein in

Außenstellung). Die Vorhand geht auf dem zweiten Hufschlag, das Pferd ist nach außen gestellt und gebogen. Die Hinterhand geht auf dem Hufschlag.

Zirkel verkleinern und vergrößern

Diese Übung kann sowohl in Innen- als auch in Außenstellung in jeder Gangart durchgeführt werden (Hilfengebung siehe Grafik). Der Trab ist die Gangart, in der diese Lektion meist am einfachsten geübt werden kann.

In **Innenstellung** wird das Pferd traversartig (das Pferd ist in die Bewegungsrichtung gestellt) auf die kleinere Zirkellinie geritten. Nach einer Runde auf dem kleinen Zirkel wird es in Form eines Schenkelweichens (Pferd gegen die Bewegungsrichtung gestellt) wieder auf die große Zirkellinie herausgedrückt. Bei beiden Lektionen

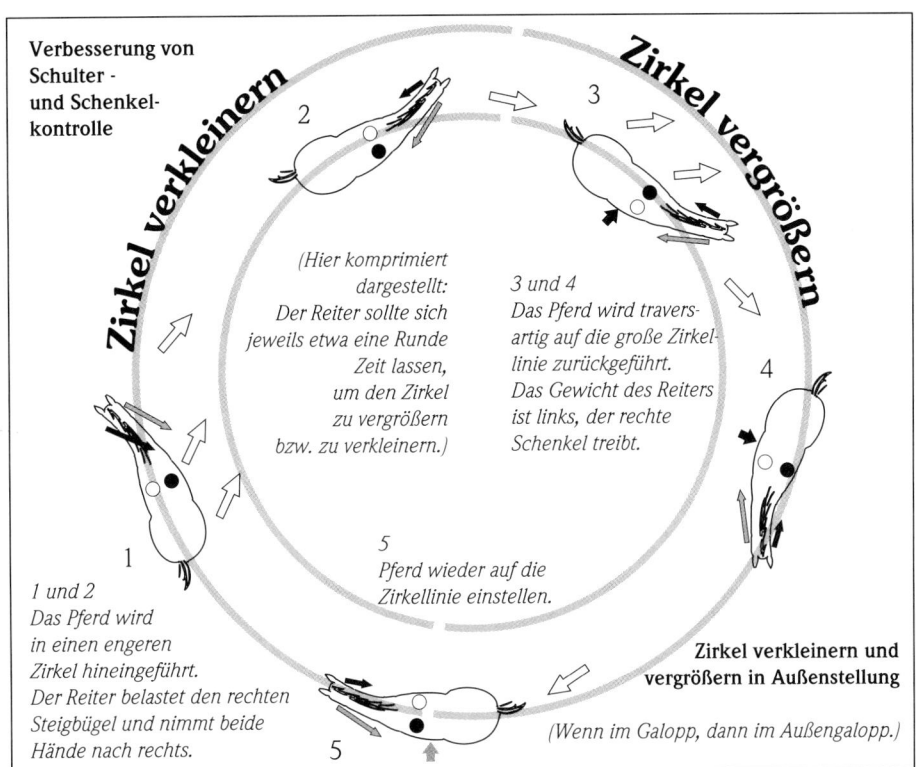

Verbesserung von Schulter- und Schenkelkontrolle

Zirkel verkleinern

Zirkel vergrößern

2

3

(Hier komprimiert dargestellt: Der Reiter sollte sich jeweils etwa eine Runde Zeit lassen, um den Zirkel zu vergrößern bzw. zu verkleinern.)

3 und 4
Das Pferd wird traversartig auf die große Zirkellinie zurückgeführt. Das Gewicht des Reiters ist links, der rechte Schenkel treibt.

4

1

5
Pferd wieder auf die Zirkellinie einstellen.

1 und 2
Das Pferd wird in einen engeren Zirkel hineingeführt. Der Reiter belastet den rechten Steigbügel und nimmt beide Hände nach rechts.

5

Zirkel verkleinern und vergrößern in Außenstellung

(Wenn im Galopp, dann im Außengalopp.)

---

darf das Pferd sich nicht über die Schulter entziehen, da es in diesem Fall die Beine nicht überkreuzt. Der äußere Zügel verwahrt also und kontrolliert die Schulter.

In **Außenstellung** wird der Zirkel durch Gewichtsverlagerung nach innen mit gegen die Bewegungsrichtung gestelltem Pferd verkleinert und traversartig vergrößert (siehe Grafik). Wird die Übung im Galopp durchgeführt, muß das Pferd dabei im Außengalopp geritten werden.

Wie sehen die Hilfen zum Angaloppieren aus?

Der äußere Schenkel des Reiters liegt beim Angaloppieren etwas hinter dem Gurt und übt Druck aus. Damit wird die Hinterhand ein wenig nach innen (in die Bahn hinein) gedrückt. Der innere Schenkel kontrolliert verwahrend die innere Seite des Pferdes (hält das Pferd außen) und liegt am Gurt. Der angenommene äußere Zügel kontrolliert die Schulter und hält sie außen. Zum Angaloppieren drücken beide Schenkel gegeneinander (siehe Zeichnung).

Nach den ersten paar Galoppsprüngen legt der Reiter den äußeren Schenkel wieder in eine normale, senkrechte Lage zurück. Er läßt ihn nicht hinter dem Gurt, während das Pferd galoppiert. Er vermeidet mit diesem Zurücklegen in die Senkrechte ein mögliches Schiefsitzen während des Galoppierens. Zudem soll die Hinterhand während des Galopps ja auch nicht dauernd nach innen gestellt sein, was der

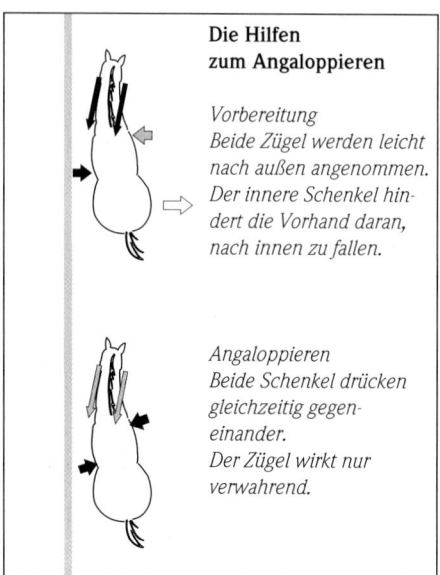

**Die Hilfen
zum Angaloppieren**

*Vorbereitung
Beide Zügel werden leicht
nach außen angenommen.
Der innere Schenkel hin-
dert die Vorhand daran,
nach innen zu fallen.*

*Angaloppieren
Beide Schenkel drücken
gleichzeitig gegen-
einander.
Der Zügel wirkt nur
verwahrend.*

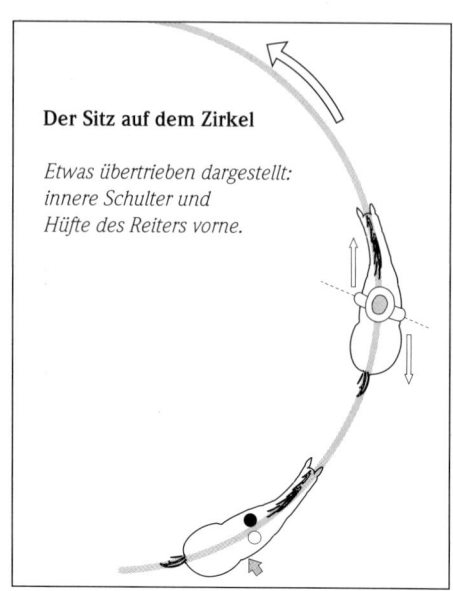

Der Sitz auf dem Zirkel

*Etwas übertrieben dargestellt:
innere Schulter und
Hüfte des Reiters vorne.*

anliegende Schenkel hinter dem Gurt bewirken würde.

Motor der Bewegung ist das äußere Hinterbein. Es drückt ab und schiebt das Pferd auf das im Dreitakt des Galopps folgende diagonale Beinpaar (inneres Hinterbein/ äußeres Vorderbein), und der richtige Galopp ist gewährleistet.

Das routinierte Pferd wird rein auf Zurücklegen des äußeren Schenkels richtig anspringen. Die Stellung der Hinterhand auf der Geraden kann damit entfallen.

Wie sitzt der Reiter auf dem Zirkel, um das Pferd optimal zu kontrollieren?

Der Reiter schiebt auf dem Zirkel die innere Hüfte und damit auch die innere Schulter leicht vor. Galoppiert er linksherum, kommt also seine linke Hüfte vor. Dadurch schiebt sich seine rechte Hüfte nach hinten. Durch diese Drehung in der

Hüfte kommt der äußere (hier rechte) Schenkel automatisch nach hinten und ans Pferd. Er kann dann leicht das Ausfallen der Hinterhand nach außen verhindern.

Auf dem Zirkel schiebt der Reiter die innere Hüfte und die innere Schulter nach vorne.

Zusätzlich mit der linken Schulter kommt die linke Hand nach vorne und die rechte nach hinten (der rechte Zügel steht also unter Umständen etwas an). Die rechte Hand kontrolliert damit die rechte (äußere) Schulter des Pferdes.

Würde er andersherum sitzen, also die innere Schulter und Hüfte zurücknehmen, würde er den inneren Schenkel automatisch ans Pferd herandrücken und damit die Hinterhand des Pferdes aus dem Zirkel herausdrücken. Im schnelleren Galopp kann das Pferd dabei leicht in den Kreuzgalopp springen.

Galopp am losen Zügel: Das ausgebildete Pferd trägt sich selbst.

Was tue ich, wenn das Pferd auf dem Zirkel nicht unter mein Gewicht läuft?

Es geht bei der Korrektur prinzipiell darum, die Mittelachse des Pferdes wieder in die Senkrechte zu bringen, wenn das Pferd nach einer Seite »kippt«.

Das Pferd drängelt über die Schulter:
Der Reiter nimmt sein eigenes Gewicht deutlich nach innen und stellt das Pferd leicht nach außen. Er versetzt beide leicht angehobenen Hände nach innen. Damit »hebt« er praktisch die Vorhand nach innen. Mit dieser Hilfengebung entlastet das Pferd die äußere Schulter.

Manchmal genügt es auch, den Zügel außen nur ein wenig anzunehmen, um das Wegdriften der Schulter zu begrenzen. Um das Drängeln nach außen grundsätzlich zu vermeiden, muß der Reiter wieder vermehrt die Schulterkontrolle üben - also zurück zur Basis (Arbeit in Außenstellung, Schulterherein).

Wenn das Pferd nach innen drängelt:
Ein junges Pferd kippt in einer Wendung oft nach innen, drückt seine Schulter in die Wendung herein, sobald der Reiter seinen Kopf nach innen stellen will. Diesem Fehler kann der Reiter begegnen, indem er den äußeren Steigbügel belastet - unter Umständen extrem belastet, indem er seinen ganzen Oberkörper nach außen legt.

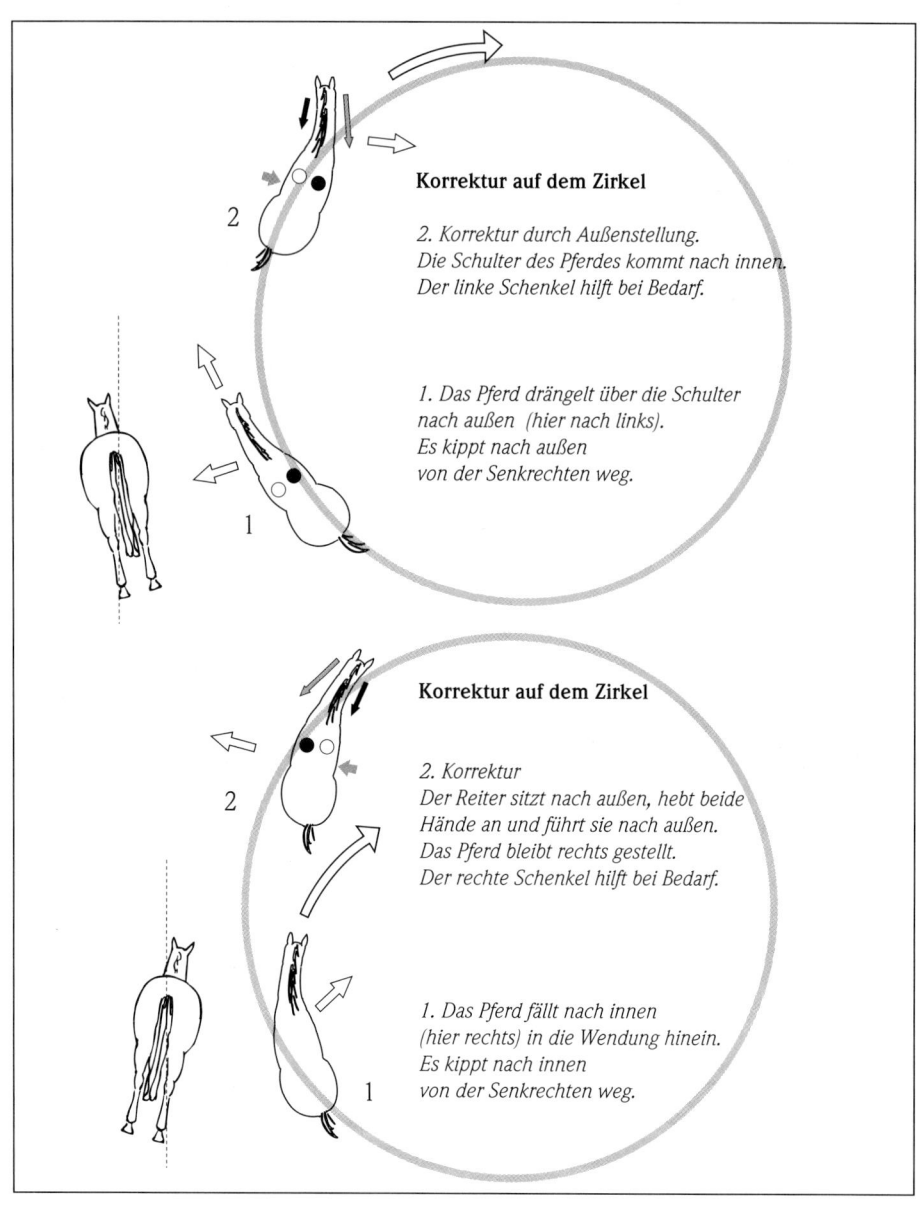

Korrektur auf dem Zirkel

2. Korrektur durch Außenstellung.
Die Schulter des Pferdes kommt nach innen.
Der linke Schenkel hilft bei Bedarf.

1. Das Pferd drängelt über die Schulter
nach außen (hier nach links).
Es kippt nach außen
von der Senkrechten weg.

Korrektur auf dem Zirkel

2. Korrektur
Der Reiter sitzt nach außen, hebt beide
Hände an und führt sie nach außen.
Das Pferd bleibt rechts gestellt.
Der rechte Schenkel hilft bei Bedarf.

1. Das Pferd fällt nach innen
(hier rechts) in die Wendung hinein.
Es kippt nach innen
von der Senkrechten weg.

Zudem hebt er beide Hände an und versetzt sie nach außen, »hebt« damit die Vorhand praktisch nach außen.

Der Reiter will z.B. sein Pferd nach rechts stellen - das Pferd drückt die rechte Schulter herunter. Der Reiter belastet nun den linken Steigbügel, versetzt die Hände nach links (außen) und veranlaßt mit beiden Hilfen das Pferd, die rechte Schulter zu heben: Es will nach links unter das Reitergewicht laufen, um sein Gleichgewicht zu wahren, und es folgt mit dem Hals den

Rückwärtsrichten: *1. Hand stehen lassen.* *2. Hand anheben.*

3. Das Pferd gibt im Genick nach und setzt die Hinterhand gut unter.

4. Der Reiter gibt zur Belohnung nach und läßt das Pferd in Ruhe.

Reiterhänden (der Kopf des Pferdes bleibt dabei nach rechts gestellt). Es hebt folglich die rechte Schulter an. Will das Pferd der Hand nicht folgen, so hilft der rechte Schenkel durch Druck am Bauchgurt, die Vorhand nach rechts zu bringen.

Welche Hilfen gibt man für das Rückwärtsrichten?

Die Hilfen für das Rückwärtsrichten sind eine reine Verstärkung der Hilfen für das

Anhalten: Der Reiter sitzt schwer ein und hebt beide Hände (bzw. die Zügelhand bei der einhändigen Zügelführung) etwas an - im Normalfall, ohne sie anzunehmen.
Durch die fehlende Handeinwirkung des Reiters kann sich das Pferd nicht auf den Zügel legen und in der Schulter schwer machen.

Wenn das Pferd nicht auf Gewicht und Anheben der Hand reagiert, nimmt der Reiter die Zügel leicht an - beide mit gleichviel Druck. Ein leichtes Zungenschnalzen als Stimmhilfe reicht manchmal

Rückwärts mit gut untergesetzter Hinterhand.

bauten Druck) Kontakt zum Maul.
Beim gehorsamen Westernpferd entfallen später Schenkeldruck und das Annehmen des Zügels, und es reagiert nur auf Heben der Hand.

Wie korrigiere ich ein schiefes Rückwärtsgehen des Pferdes?

Wenn ein Pferd schief rückwärts geht, so ist es im Normalfall auf einer Seite steifer. Das sollte erst einmal grundsätzlich mit Biegearbeit auf dem Zirkel in Innen- und Außenstellung (Schulterherein) behoben werden und anschließend erst wieder mit dem Rückwärtsrichten begonnen werden.

schon, um dann das Pferd zum Rückwärtsgehen zu veranlassen. Reicht das nicht, so baut der Reiter langsam beidseitig gleichen Druck mit den Zügeln auf. Soviel wie nötig ist, um dem Pferd den Druck unangenehm zu machen. Dann läßt er die Hand stehen: Das Pferd kämpft nun gegen die stehende Hand an. Sobald das Pferd auch nur einen einzigen Tritt rückwärts ansetzt, gibt die Hand sofort nach.
Reicht der Druckaufbau allein nicht, so gibt der Reiter zusätzlich beidseitigen Schenkeldruck. Er schiebt das Pferd damit gegen die stehende Hand. Das Pferd weiß: Schenkeldruck bedeutet Hinterhand untersetzen und Bewegung - normalerweise nach vorn. Nach vorn begrenzt aber die stehende Hand die Bewegung. Nach dem ersten Schritt des Pferdes - unter sich - bleibt ihm nur der Weg rückwärts, wenn es gelernt hat, Respekt vor der Hand zu haben. Die Hand zieht dabei nicht rückwärts, sondern hält nur (mit dem aufge-

Muß man beim geraden Rückwärtsrichten korrigieren, so gibt es zwei Methoden. Die erste ist nur fürs Training geeignet. Die zweite kann auch in der Prüfung angewandt werden.

1. Methode: Das Pferd weicht z.B. mit einem Hinterbein seitlich aus, weil dieses Hinterbein steifer als das andere ist, und das Winkeln und starke Untersetzen dieses Beines dem Pferd unangenehm ist.
Um das Pferd nun zu veranlassen, genau dieses Bein vermehrt zu gebrauchen, kann man in Form einer Hinterhandwendung korrigieren. Man reitet die Hinterhandwendung in Richtung des steiferen Hinterbeines. Das Pferd muß nun dieses Bein stärker belasten. Nach ein paar Tritten der Hinterhandwendung kann das Pferd wieder rückwärtsgerichtet werden.

2. Methode: Auf der Seite, auf der das Pferd hinten ausweicht, wird der Zügel vermehrt angenommen. Es drängelt z.B. mit

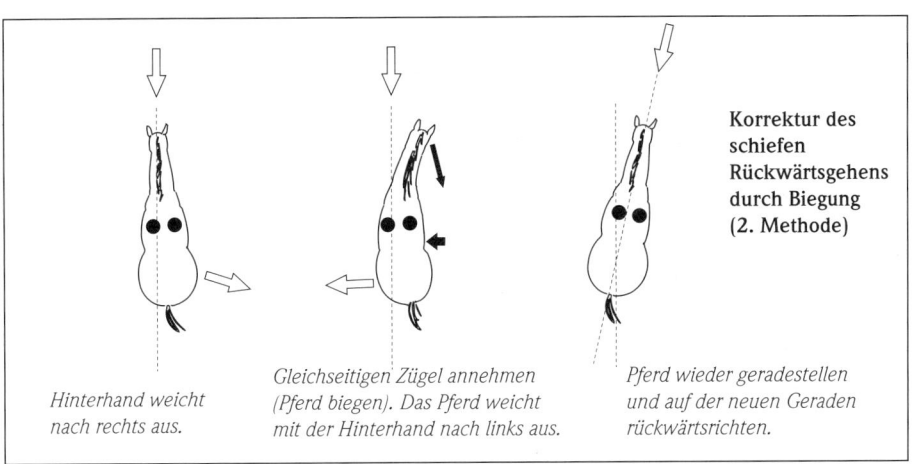

Korrektur des schiefen Rückwärtsgehens durch Biegung (2. Methode)

Hinterhand weicht nach rechts aus.

Gleichseitigen Zügel annehmen (Pferd biegen). Das Pferd weicht mit der Hinterhand nach links aus.

Pferd wieder geradestellen und auf der neuen Geraden rückwärtsrichten.

Korrektur des schiefen Rückwärtsgehens durch eine Hinterhandwendung (1. Methode)

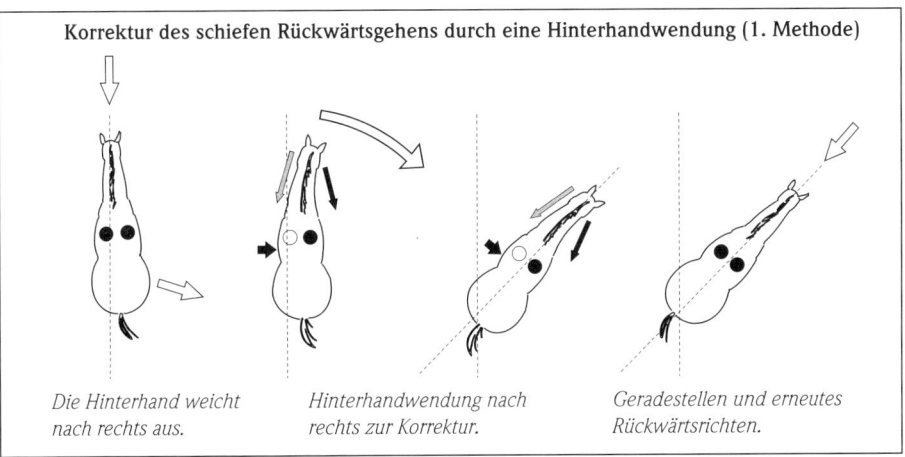

Die Hinterhand weicht nach rechts aus.

Hinterhandwendung nach rechts zur Korrektur.

Geradestellen und erneutes Rückwärtsrichten.

der Hinterhand nach links. Dann wird der linke Zügel angenommen. Damit erreicht man eine - dem Pferd unangenehme - Biegung und verstärkt sie, bis das Pferd irgendwann die Hinterhand nach der entgegengesetzten Seite - nach rechts - herausstellt und das linke Hinterbein unter sich bringt. Der linke Schenkel gibt zusätzlich Druck. Das Pferd wäre zwar auch nur mit dem Zügel zu korrigieren - mit dem Schenkeldruck entwickelt der Reiter jedoch zusätzlich ein zweites Korrekturinstrument (welches das junge Pferd noch nicht versteht). Das ausgebildete Pferd wird damit zügelunabhängiger.

Wann kann ich mit gebogenem Rückwärtsrichten beginnen und wozu ist es gut?

Mit gebogenem Rückwärtsrichten kann erst begonnen werden, wenn das Pferd in den Seitengängen (Schulterherein und besonders Travers) sicher ist. Es muß in jeder Lage den äußeren, seitwärtstreibenden bzw. kontrollierenden Schenkel annehmen.

Das gebogene Rückwärtsrichten wird auf

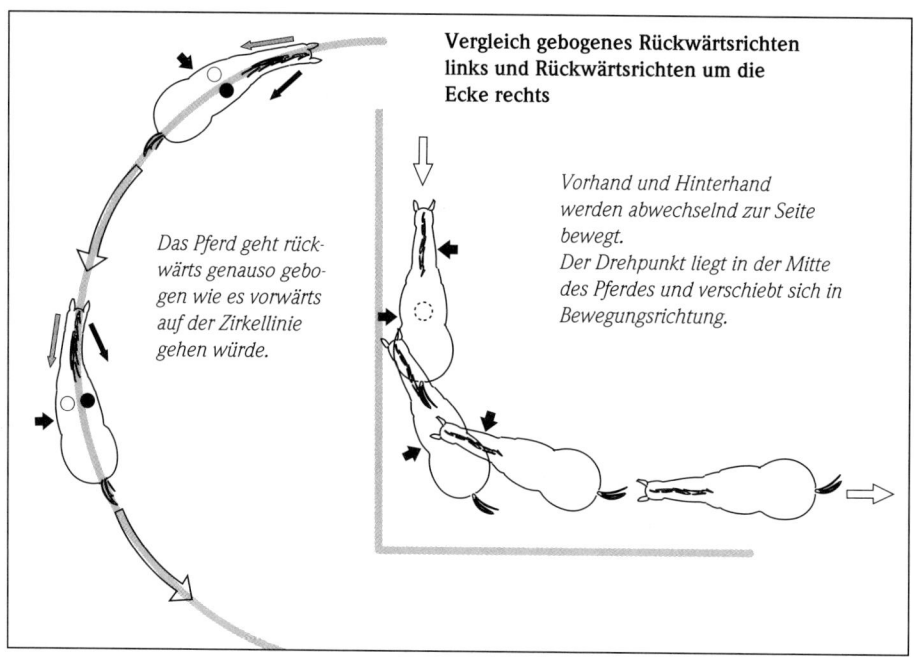

Vergleich gebogenes Rückwärtsrichten links und Rückwärtsrichten um die Ecke rechts

Das Pferd geht rückwärts genauso gebogen wie es vorwärts auf der Zirkellinie gehen würde.

*Vorhand und Hinterhand werden abwechselnd zur Seite bewegt.
Der Drehpunkt liegt in der Mitte des Pferdes und verschiebt sich in Bewegungsrichtung.*

einem mittelgroßen Zirkel geritten (später auch Voltengröße) und hat den Zweck, das äußere Hinterbein mehr unter den Schwerpunkt des Pferdes zu bringen. Der Reiter sitzt beim gebogenen Rückwärtsrichten wie beim Travers in die - nun rückwärtsorientierte - Bewegungsrichtung des Pferdes. Der innere Zügel stellt das Pferd, der äußere Zügel begrenzt das Ausfallen der Schulter, und der äußere Schenkel treibt die Hinterhand in die Wendung hinein.

Das gebogene Rückwärtsrichten ist eine sehr schwierige Übung, denn es erfordert ein starkes Winkeln und Untersetzen des äußeren Hinterbeines (das äußere Hinterbein nimmt vermehrt Gewicht auf, weil es schräg nach innen tritt). Es ist keinesfalls zu verwechseln mit dem Rückwärtsrichten »um die Ecke« in manchen Trailhindernissen, bei dem das Pferd immer in sich gerade ist und sich eher um einen Drehpunkt in seiner Mitte herumbewegt (abwechselnd mit einem Schritt hinten zur

Seite und einem Schritt vorne zur anderen Seite).

Beim gebogenen Rückwärtsrichten führt jedoch die Hinterhand. Die Vorhand tritt in die Spur der Hinterhand (umgekehrt wie bei der richtig gebogenen Vorwärtsbewegung, bei der die Hinterhand in die Spur der Vorhand treten muß).

Der Reiter muß sehr gut aufpassen, daß sich nicht die Vorhand des Pferdes nach außen bewegt, statt der Spur der Hinterhand zu folgen.

Was tue ich, wenn das Pferd in der Bewegung den Kopf hochreißt und gegen den Zügel geht?

Der Reiter pariert aus jeder Gangart durch, indem er Druck an beiden Zügel aufbaut. Das Pferd soll dabei dem Zügeldruck nachgeben, den Kopf senken und einen Tritt rückwärts gehen. Hat es das getan, gibt der Reiter sofort nach und läßt das Pferd zur Belohnung ruhig stehen.

Beim Aufbau des Zügeldrucks läßt der Reiter das Pferd ruhig etwas gegen die stehende Hand ankämpfen. Er zieht nicht rückwärts, sondern läßt die Hand so stehen, daß sich der Kopf des Pferdes, wenn es schließlich im Genick nachgibt, ganz leicht hinter der Senkrechten befindet. (Dazu muß der Reiter die Zügellänge, die das Pferd in der Position braucht, in der es nachgegeben hat, genau kennen. Hat er die Zügel zu kurz, so beißt sich das Pferd in die Brust, wenn es nachgibt - das Nachgeben ist dann für das Pferd nicht angenehm, sondern mehr oder weniger genauso unangenehm wie der hohe Kopf, und es lernt nicht aus der Übung, daß Nachgeben besser ist als mit hohem Kopf kämpfen.)

Die Fäuste müssen beim Aufbau des Drucks fest geschlossen sein, damit das Pferd sich nicht selbst den Zügel herausziehen kann. Schafft es das Pferd, dem Reiter die Zügel aus der Hand zu reißen, so lernt es, daß das Kämpfen sich lohnt, weil es ja manchmal gewinnt.

Was tue ich, wenn ein Pferd nicht ruhig stehenbleiben will?

Wenn das Pferd beständig herumzappelt, ungnädig mit den Vorderhufen scharrt oder sich ähnlich anstellt, statt ruhig stehenzubleiben, dann nimmt der Reiter einen Zügel kurz, stellt das Pferd damit im Hals extrem nach innen und läßt es dem inneren Schenkel (zur Not dem Sporen) nach außen weichen - in Form einer Vorhandwendung. Er läßt es so lange um die

Vorhand kreiseln, bis es gehörig die Nase voll hat und sich nur noch sehr zögernd bewegt. (Fast alle Pferde hassen diese Übung und sind froh, wenn sie damit auf-

Korrekturvorhandwendung: Hinterhand herumtreiben.

hören dürfen.) Danach läßt der Reiter den Zügel lang und sagt »Whoa«. Das Pferd ist froh, stehen zu dürfen und wird das Zappeln lassen.

Jedesmal, wenn es nun wieder mit dem Scharren anfängt, wird diese Korrektur-Vorhandwendung wiederholt (mal links-, mal rechtsherum).

Auch wenn Pferde bei der Galopp- oder Trabarbeit heiß werden, kann man sie mit dieser Übung korrigieren. Sie werden dadurch müde und locker, denn die starke Abstellung in Hals und Schulter trainiert und gymnastiziert gleichzeitig. Der Reiter soll jedoch nicht wild am Pferd herumzerren bei dieser Korrektur, sondern ruhig und nachdrücklich ganz einfach nur die ungeliebte Vorhandwendung vom Pferd fordern.

Die Vorhandwendung kann deswegen gut

als Strafe benutzt werden, weil sie (mit Ausnahme der ganz langsamen Ausführung in wenigen Trail-Hindernissen) in keiner Prüfung verlangt wird. Normalerweise soll das Western-Pferd Wendungen immer auf der Hinterhand ausführen. Hinterhandwendungen sollen deswegen nicht als korrigierende Übung benutzt werden - das Pferd würde später jeden Spin und jeden Roll back widerwillig ausführen, wenn es sie mit Strafe gleichsetzen müßte.

Die Vorhandwendung kann als Korrektur benutzt werden, weil sie als Lektion nicht vorkommt.

Pferde, die dauernd zappeln, sind entweder nicht ausgelastet oder sauer (bei beidem kann man die Ursache beseitigen und muß so nicht dauernd korrigieren). Auch das Kleben an anderen Pferden bewirkt solche Unruhe. Das Phänomen des Klebens verschwindet durch zunehmenden Gehorsam und vermehrten Aufbau des Vertrauens zum Reiter oft von allein.

Was tue ich, wenn ein Pferd im Training nur rennt?

1. Methode: (Besser bei rohen Pferden, die noch keine ausreichende Grundausbildung haben.)
Das Pferd wird getrabt und völlig zufrieden gelassen. Das Tempo wird vom Pferd bestimmt, solange es nicht unkontrollierbar über die Schulter wegläuft oder anfängt, zu galoppieren.
Der Reiter trabt leicht oder geht komplett in den leichten Sitz und faßt das Pferd im Maul nicht an. Bei Pferden, die den

Methode 1: Pferd im Trab einfach laufen lassen, wenn es rennt.

44

Rücken völlig fest machen, kann er sich auch am Sattelhorn festhalten (siehe Bild unten). Er darf es nicht durch sein Gewicht stören.

Unter Umständen kann man das Pferd so eine ganze Stunde und noch länger traben, bis es müde wird und von allein aufhört oder langsam wird. Über einige Tage oder auch Wochen hinweg durchgeführt, macht diese Methode auch das hektischste Pferd ruhig.

Ein hektisch rennendes Pferd soll sich müde laufen und dadurch beruhigen.

Wichtig ist, nichts · überhaupt nichts · vom Pferd zu verlangen, solange es nicht galoppiert oder unkontrollierbar schnell wird. Erst, wenn es sich beruhigt hat, verlangt der Reiter das Nachgeben im Genick.

Läßt es sich nicht halbwegs kontrolliert durch die Ecken reiten (und man muß befürchten, daß es ausrutscht), so versuche man, es etwas nach außen zu drücken, indem man den äußeren Steigbügel belastet (Gewicht nach außen) und es mit beiden Zügeln nach außen »hebt« (Zügelhände mit Druck nach hinten/oben und nach außen). Nach der Ecke läßt man sofort wieder los.

2. Methode: (Eher bei Pferden, die prinzipiell schon im Gleichgewicht sind und die Grundausbildung hinter sich haben.)

Das Pferd wird ähnlich gearbeitet, wie im Abschnitt über die Vorbereitung zum Stop beschrieben. Der Reiter versucht, es mit leicht angenommenem Zügel in einem mittleren Trabtempo zu halten. Dann läßt er die Zügel länger. Sobald das Pferd dann im Trab beschleunigt, läßt er es ins Gebiß laufen, baut Druck auf, bis das Pferd

Reiter und Pferd im harmonischen Gleichgewicht im Galopp.

anhält und rückwärtsgeht. (Ins Gebiß laufen lassen: siehe auch Vorbereitung auf den Stop.) Danach wird das mittlere Trabtempo wieder aufgenommen. Wenn es im Trab funktioniert, wird das Ganze auch im Galopp geübt.

3. Methode:
Der Reiter kann das Pferd jedoch, statt es in den Zügel laufen zu lassen, auch immer dann abwenden, wenn es von sich aus beschleunigt. Er reitet dann am stark angenommenen inneren Zügel eine oder mehrere sehr enge Volten. Es macht nichts, wenn das Pferd dabei mit der Hinterhand herausschleudert und um sich selbst kreiselt. Das Pferd soll bei dem Kreiseln in den Schritt fallen. Wenn es im Schritt ist, reitet man geradeaus und nimmt den Trab wieder auf (unter Umständen eher einen großen Zirkel, statt ganze Bahn reiten, weil das Pferd auf dem Zirkel leichter kontrollierbar ist). Fängt es wieder an zu beschleunigen, wiederholt man die Prozedur.
Sinnvoll ist es auch, das Pferd immer in der ursprünglichen Gegenrichtung aus den Korrektur-Volten herauskommen zu lassen. Schließlich weiß das Pferd: Es hat kei-

---

Pferde, die rennen, müssen die Sinnlosigkeit des Davonlaufens begreifen.

---

nen Sinn, vorwärts zu rennen - ich werde sowieso gleich wieder in die andere Richtung geritten.

Wenn Pferde unkontrolliert durch die Ecke schießen und mit der inneren Schulter nach innen fallen, so kann der Reiter sie in diesem Moment nach außen gegen die Bande abwenden und ein paar enge Volten reiten.

Mit der Zeit merkt das Pferd, daß ihm das Rennen nur unangenehmen Druck und Arbeit einbringt.

Methode 1-3 sollten je nachdem, wie ein Pferd darauf anspricht, angewandt werden.

Wichtig ist, Pferde, die rennen, nie mit dem Sporen zu strafen oder auch unbeabsichtigt damit zu berühren. Also: Sporen weg von solchen Pferden!

Wann kann das Pferd einhändig geritten werden?

Das Pferd kann dann einhändig geritten werden, wenn

1. es sicher auf die Gewichtsverlagerung des Reiters reagiert (wenn es unter das Gewicht des Reiters läuft).

2. der Reiter in der Lage ist, die Vorhand des Pferdes durch gleichzeitiges Bewegen beider Zügel mit eng beieinander stehenden Händen in die gewünschte Richtung zu bewegen, ohne daß der innere Zügel dabei vermehrt einwirkt (wenn das Pferd also auf Anlegen des äußeren Druckzügels bzw. auf die Bewegung der Hand über den Mähnenkamm reagiert).
Der Reiter hält die Hände und damit die Zügel zu Beginn der Ausbildung des Pferdes weit auseinander. Je besser das Pferd reagiert, desto näher rücken die Hände zusammen und desto höher werden sie getragen - bis zur einhändigen Zügelführung.

3. das Pferd die Einwirkung des Schenkels akzeptiert und korrekt darauf reagiert, ohne sich durch eine Vorwärtsbewegung dem Schenkeldruck entziehen zu wollen.

Stop einhändig gerittten: Das Pferd ist in sich völlig gerade, es reagiert auf das Gewicht des Reiters.

Trail

Training und Korrektur
Bereich Trail

Was wird im Trail verlangt?

Hauptkriterium dieser Prüfung ist die Arbeit des Pferdes in Hindernissen. Der Reiter muß das Pferd präzise und mit minimaler Hilfengebung vorwärts, rückwärts und seitwärts durch verschiedene Hindernisse dirigieren können. Vorhand- und Hinterhandwendungen werden in den Hindernissen gleichfalls verlangt.

Das Pferd darf dabei den Reiterhilfen nicht vorgreifen.

Zwischen den Hindernissen werden die drei Grundgangarten gefordert.

Ein sauberes Anhalten aus allen drei Gangarten ist auch für das Trail-Pferd unerläßlich, soll die Harmonie der Vorstellung nicht durch ruppige Paraden leiden.

Der Trail wird auswendig geritten - die Aufgabe hängt mindestens 1 Stunde vor Beginn der Prüfung aus.

Vorgeschriebene Hindernisse einer Trail-Prüfung sind:

1. Öffnen, Durchreiten und Schließen eines Tores.
2. Das Überwinden von mindestens 4 auf dem Boden liegenden Stangen:
im Trab (trot over), im Galopp (lope over) oder im Schritt (walk over).
Die Stangen können in gerader Linie, im Bogen oder im unregelmäßigen Zickzack (nur für walk over) liegen. Walk overs dürfen bis auf 30 cm erhöht werden.
Für Trot over und Lope over muß der Abstand zwischen den Stangen (in der Mitte gemessen) dem mittleren Trabtritt (90 - 110 cm) bzw. Galoppsprung (180 - 210 cm) der Pferde entsprechen.
3. Rückwärtsrichten durch Stangen (L- , U- oder V-Formen evtl. mit Seitwärtsgehen kombiniert) oder um Markierungen (Pylonen oder Kombination aus Pylonen und Stangen).

Wahlhindernisse (der Richter kann sie nach eigenem Ermessen auswählen und kombinieren) sind:

1. Durchreiten eines Wassergrabens.
2. Überreiten einer Folie.
3. Transport eines Gegenstandes.
4. An- und Ausziehen eines Mantels oder einer Jacke auf dem Pferd.
5. Leeren und Füllen eines Briefkastens.
6. Seitwärtstreten über Hindernisse in verschiedenen Variationen (einzelne Stangen, L- , T- oder V-Formen in Verbindung mit Hinterhandwendung und Vorhandwendung.
7. Das Quadrat (etwa 150 cm breit), in dem das Pferd eine 360°-Wendung in Form einer »Mittelhandwendung« ausführen muß.
8. Das Ground-Tying, bei dem der Reiter absteigt, sein Pferd (bewegungslos stehen läßt) einmal umrundet oder sich von ihm entfernt.
9. Von manchen Richtern wird auch einmal ein Sprung (50 - 60 cm hoch) verlangt.

Andere Arten von Hindernissen, die für

Reiter und Pferd ungefährlich sind, liegen zusätzlich im Ermessen des Richters.

Alle Arten von Hinderniskombinationen sind möglich, solange sie den anatomischen Möglichkeiten des Pferdes entsprechen.

Wie wird die Trail-Prüfung bewertet?

Der Richter vergibt für jedes einzelne Hindernis eine Punktzahl von 0 - 10. Früher wurden für ein besonders gut gemeistertes Hindernis 10 Punkte vergeben, für ein nicht oder besonders schlecht ausgeführtes 0 Punkte. Das Pferd mit der höchsten Punktzahl hat gewonnen. Die AQHA führt nun ein neues System ein, was für den Richter einfacher zu addieren ist. Für ein nicht oder

miserabel ausgeführtes Hindernis gibt es 10 Punkte, für ein optimal durchrittenes Hindernis 0 Punkte. Eine zusätzliche Rubrik von 0 - 10 Punkten ist für die Qualität der Gänge vorgesehen. Das Pferd mit den wenigsten Punkten gewinnt.

Zudem vergibt der Richter am Ende der Prüfung noch Plus- oder Minuspunkte für den Eindruck, den er von der Gesamtvorstellung als Ganzes bekommen hat. Diese Bewertung erfolgt auf der Basis 0 - 100, wobei 70 (wie bei der Reining) der Durchschnitt ist. Ein Score von 90 würde einen sehr guten Gesamteindruck beschreiben. Die Bewertung für den Gesamteindruck wird vor allem dann herangezogen, wenn zwei Pferde die gleiche Punktzahl haben. Das Pferd mit dem besseren Gesamteindruck wird dann vor dem mit dem schlechteren plaziert.

Seitwärts über ein Winkelhindernis. Deutlich sieht man den seitwärtstreibenden linken Schenkel.

Der Richter bewertet in jedem einzelnen Hindernis die Manier und Kontrollierbarkeit des Pferdes, die Harmonie der Reiter-Pferd-Kombination (unsichtbare Hilfen, entspannt wirkendes Pferd ohne Haltungsfehler) sowie deutlich sichtbare Fehler - Berühren oder Verschieben von Stangen durch das Pferd, Umwerfen von Markern, Anzeichen von Angst oder Widersetzlichkeit. Auch das Aufreißen des Maules oder hektisches Schweifschlagen werden im Hindernis als Widersetzlichkeit gewertet.

Zwischen den Hindernissen bewertet er, ob die vorgeschriebene Gangart am Punkt aufgenommen wurde und taktrein ist. Die Gangarten werden entsprechend denen in einer Pleasure-Prüfung bewertet. Ein Pleasure-Pferd ist also im Vorteil.

Ist Rechts- oder Linksgalopp vorgeschrieben, so ist die Anweisung klar. Ist nur Galopp vorgeschrieben, so galoppiere man so an, daß das Pferd in einer evtl. folgenden Kurve richtig, d.h. innen galoppiert.

Ein wichtiges Bewertungskriterium im Hindernis ist: **Das Pferd darf dem Reiter nicht vorgreifen.** Es darf das Hindernis nicht völlig eigenmächtig und in dem Tempo, welches es selbst für angemessen hält, bewältigen, sondern es muß auf die Hilfen des Reiters warten, und zwar für jede einzelne Bewegung, die es im Hindernis macht.

Jede Bewegung des Trail-Pferdes sowie seine Geschwindigkeit im Hindernis und zwischen den Hindernissen muß vom Reiter kontrolliert werden können.

Es soll jedes Hindernis aufmerksam, mit tiefer Nase in Augenschein nehmen und sich dann den Reiterhilfen unterwerfen. Damit sind wir bei einem zweiten wichtigen Bewertungskriterium auf dem Turnier: **der tiefen Nase des Pferdes an Hindernissen.**

Der Richter will sehen, daß das Pferd genau hinschaut, wohin es geht und vor allem vorsichtig geht. Es soll sich das Hindernis anschauen und nicht stumpf und teilnahmslos wie ein Roboter durch den Trailparcours trotten. Da der Trail aus Geländeschwierigkeiten abgeleitet ist, hat dies einen tieferen Sinn: Sollte das Pferd im Gelände z.B. in ein sumpfiges Gebiet geraten, so soll es nicht blind hineinstolpern, sondern sich vorsichtig herantasten und langsam Fuß vor Fuß setzen. In dieser

---

Das Pferd muß in Trail-Hindernissen aufmerksam hinschauen, wohin es seine Hufe setzt.

---

vorsichtigen Manier soll es auch den Trail-Parcours überwinden - seine Vorsicht jedoch immer den Wünschen des Reiters unterordnen.

Von zehn möglichen Punkten werden in einem Hindernis, welches ansonsten sauber und fehlerfrei bewältigt wurde, nur 6 - 7 Punkte (nach der alten Bewertung) vergeben, wenn das Pferd mit hohem Kopf hindurchgegangen ist.

Das Pferd gilt beim Richter als unzuverlässig (in bezug auf seine Fähigkeit, sich im Gelände sicher zu bewegen, seinen Reiter sicher auch durch schwieriges Terrain zu tragen), wenn es nicht genau hinschaut, wohin es geht.

Die Gesamtvorstellung soll flüssig und ohne unnötige Pausen sein. Extrem langsames Reiten, solange der Bewegungsfluß erhalten bleibt, wird nicht negativ bewertet. Jedoch wird jedes Anhalten vor einem Hindernis mit Punktabzug bestraft (Stocken im Bewegungsfluß). Das Pferd soll sich vor und im Hindernis nicht unnötig bewegen - ein unentschlossenes oder nervöses Hin- und Hertreten hat Punktabzug zur Folge. Wirkt die gesamte Vorstellung schnell und hektisch - auch, wenn in den Hindernissen keine expliziten Fehler gemacht werden -, so wirkt sich dies negativ auf die Gesamtbewertung aus. Das Auslassen eines Hindernisses im Trail gilt nicht als Verreiten, wenn danach in richtiger Reihenfolge das nächste Hindernis geritten wird. Es gilt jedoch als Verreiten, wenn ein Hindernis von der falschen Seite angeritten wird.

Wie bewertet der Richter Takt und Versammlung im Trail?

Versammlung ist im Trail kein Beurteilungskriterium. Das Pferd muß nicht unbedingt im Genick nachgeben. Es wird nicht negativ bewertet, wenn es nicht in »Haltung« geht.
Negativ bewertet wird vielmehr im Gesamteindruck: Schweifschlagen, Kopfschlagen, zu deutliche Zügelhilfen des Reiters (am Zügel ziehen) und taktunreine Gänge.

Das Trail-Pferd muß nicht unbedingt in Haltung gehen. Die Gänge müssen jedoch taktrein sein.

Das Trail-Pferd muß genauso taktrein und gleichmäßig wie ein Pleasure-Pferd zwischen den Hindernissen gehen.

Wichtig ist auch, genau am vorgeschriebenen Punkt die geforderte Gangart sauber und prompt aufzunehmen. Paraden dürfen nicht hart kommen, sondern ganz weich.

Grundlagen speziell für den Trail

Wie trainiert der Reiter die Feinabstimmung der Hilfen für den Trail?

Zur Feinabstimmung gehören die sogenannten halben Schritte. Das Pferd soll lernen, auf weniger Druck des Reiters nur einen halben Schritt zu machen. Es setzt dabei ein Bein ein kleines Stück weit vor oder zur Seite, ohne sofort mit einem zweiten Bein zu folgen, wie es natürlich wäre. Bei der Seitwärtsbewegung tritt es mit dem seitwärtsbewegten Bein nicht über, das heißt vor das andere Bein, sondern stellt es dicht daneben ab. Diese Feinabstimmung mit halben Schritten erlaubt es dem Pferd, in komplizierten Hindernissen im Gleichgewicht zu bleiben.
Der Reiter erreicht sie, indem er nach dem Muster Schritt - Pause - Schritt - Pause - etc. verfährt und sofort nach einer Hilfe für einen Schritt des Pferdes wieder anhalten läßt. Je besser das Pferd dabei auf Stimme reagiert, um so leichter gelingt dies. Muß man mit verstärktem Annehmen des Zügels anhalten, so gerät das Pferd leicht unter Spannung und fängt an zu zappeln. Der Zügel sollte beim oder zumindest direkt nach dem Anhalten lose sein. Steht das Pferd, so folgt die Handpause mit tiefer Hand (siehe Grundlagen).
Auf diese Art und Weise kann man z.B. ein Pferd im Stand auch wippen bzw. hin- und herschaukeln lassen. Man gibt so geringe Hilfen, daß das Pferd nur sein Gewicht von einem Bein auf das andere verlegt. Z.B. gibt man die Hilfe zum Vorwärtstreten und hält das Pferd an, wenn es gerade sein Gewicht nach vorne verlegt und einen Huf heben will. Nun nimmt der Reiter sein Gewicht etwas zurück und

So erreicht der Reiter die tiefe Nase am Hindernis:
Oben: Das Pferd wird mit dem Zügel genervt.
Mitte: Es senkt den Kopf etwas, jedoch noch nicht
weit genug. Unten: Es wird wieder genervt.

hebt die Hand minimal - das Pferd verlegt sein Gewicht wieder nach hinten und macht den Ansatz, rückwärts zu treten.

Solche »fast widersprüchlichen« Hilfen sollen jedoch erst gegeben werden, wenn das Pferd die Grobabstimmung einwandfrei begriffen hat und befolgt. Sonst bringt man es durcheinander und macht es hektisch.

Wieviel soll im Trail mit Zügelhilfen gearbeitet werden?

Im Trail-Training und auch in der Prüfung kann es von Vorteil sein, statt vermehrt mit Gewichts- und Schenkelhilfen, mehr mit Zügelhilfen zu arbeiten. Damit kann man das Pferd dauernd beschäftigt halten. Mit dauerndem Annehmen und Nachgeben des Zügels verhindert man, daß das Pferd unkonzentriert in der Gegend herumschaut. Eventuellen heftigen Reaktionen des Pferdes kann man immer mit der Handpause begegnen.

Schenkelhilfen sollte man im Trail nur für die Kontrolle der Hinterhand bei Hindernissen mit Vorhandwendungen einsetzen.

Wie erreicht der Reiter die tiefe Nase des Pferdes im Hindernis?

Beim Training wird dem Pferd zuerst beigebracht, auf Zügelimpulse den Kopf tief zu nehmen. Das stelle man sich folgendermaßen vor: Das Pferd hält den Kopf in einer recht hohen Position. Der Reiter will, daß es die Nase tiefer nimmt. Er stört nun das Pferd mit Zügelimpulsen so lange, bis das Pferd den Kopf ein Stück weit senkt. Hat es das getan, dann läßt er es sofort in Ruhe und gibt ihm Zeit, darüber nachdenken, daß die unangenehme Zupferei am Zügel sofort aufhört, wenn es den Kopf senkt.

Das Stören mit dem Zügel soll nicht hart erfolgen und nicht in Form eines Riegelns, bei dem das Pferd mit regelmäßigen rechts-links-rechts-links-Impulsen heruntergeriegelt wird. Es ist vielmehr ein unregelmäßiges Zupfen, mal rechts, mal links, mal beidhändig, mal mit seitlich herausgenommener Hand, mal mit der Hand näher am Hals des Pferdes - immer gerade mit soviel Druck, daß sich das Pferd belästigt fühlt, aber nicht zu aktivem Widerstand provoziert wird. Es handelt sich um eine Zermürbungstaktik, die dem Pferd den Weg des Nachgebens nach unten schmackhaft macht, weil es dort in Ruhe gelassen wird.

Nach angemessener Nachdenkpause beginnt nun der Reiter wieder mit den Zügelimpulsen, um das Pferd zu einer noch tieferen Hals- und Kopfhaltung zu veranlassen. Reagiert es - egal, wie weit es den Kopf senkt -, so lasse man es wieder eine Weile zufrieden und setze die Prozedur nach einiger Zeit fort.

Dieses stückweise Senken des Kopfes soll so lange fortgesetzt werden, bis das Pferd die Nase auf dem Boden hat - und dort auch bleibt, solange der Reiter kein gegenteiliges Kommando gibt.

Die Zeiträume, die das Pferd nach jedem Senken des Kopfes zum Nachdenken hat, sollten nicht zu kurz sein. Sie sind dem Pferd nervliche Verschnaufpause; es kann sich nach dem Stören durch den Reiter entspannen und empfindet diese Entspannung als Belohnung.

Es kann bei manchen Pferden bis zu einer halben Stunde dauern, bis sie die Nase am Boden haben. Doch diese Zeit muß sein, um einen nachhaltigen Lerneffekt zu erzielen.

Oben: Das Pferd senkt die Nase tief genug.
Unten: Der Reiter kann nun über die Stange reiten.

Hat das Pferd gelernt, auf die Zügelimpulse den Kopf tief zu nehmen, so wird dies vor jeder Art von Hindernis verlangt. Will das Pferd die Nase hochnehmen, so kommen sofort die störenden Zügelimpulse. Das Pferd weiß, daß sie aufhören, wenn es die Nase tief nimmt und reagiert entsprechend.

Der Reiter darf nie in ein Hindernis hineinreiten, bevor das Pferd die Nase nicht bis auf den Boden gesenkt hat.

55

Wird dies konsequent durchgeführt und oft genug wiederholt, so trainiert man dem Pferd damit ein reflexhaftes Verhalten an:

Hindernis + Zügelimpuls = tiefe Nase.

Diesem antrainierten Reflex wird sich das Pferd auch unter den veränderten Bedingungen eines Turniers nicht entziehen.

Bei neuen Hindernissen schaut jedes Pferd erst einmal hin. Später läßt diese anfängliche Neugier - und oft auch Angst - am Hindernis nach, und das Pferd stolpert unaufmerksam durch und stößt überall an.

Angemessen lange »Nachdenkpausen« nach erwünschten Reaktionen erleichtern dem Pferd das Lernen.

Mit dem antrainierten Reflex der tiefen Nase vor Hindernissen vermeidet man dieses »Interessiert-mich-nicht« oder »Kenn'-ich-doch-alles«-Verhalten des Pferdes, welches sich nach einer Weile in bekannten Hindernissen langweilt und seine Augen - und damit seinen Kopf sonstwo hat, bloß nicht bei der geforderten Aufgabe.

Das Pferd untersucht in vorbildlicher Manier aufmerksam das neue Hindernis.

Wie hindere ich das Pferd daran, eigenmächtig zu handeln?

Im Training sollte man nie flüssig durch ein Hindernis hindurchreiten, sondern nach jedem Schritt - ob seitwärts, rückwärts oder vorwärts - im Hindernis eine Pause machen. Also: Hilfe des Reiters für einen Schritt des Pferdes - Pause (gleich anhalten) - Hilfe für den nächsten Schritt - Pause - nächster Schritt - Pause. u.s.w.

Je jünger und unerfahrener das Pferd, desto länger sind die Pausen im Hindernis. Das Pferd darf nicht unaufgefordert einen zweiten Schritt machen.

Zudem sollte man ein bestimmtes Hindernis nie so oft üben, daß es das Pferd »auswendig« kann. Bekannte Turnierhindernisse sollen immer nur in Variationen trainiert werden.

Mit diesen beiden Grundsätzen hält man das Pferd aufmerksam, denn erstens weiß es, daß es immer nur einen Schritt machen soll und zweitens weiß es nicht, wie es weitergeht und wartet deswegen eher auf Anweisungen des Reiters.

In der Prüfung verkürzt man

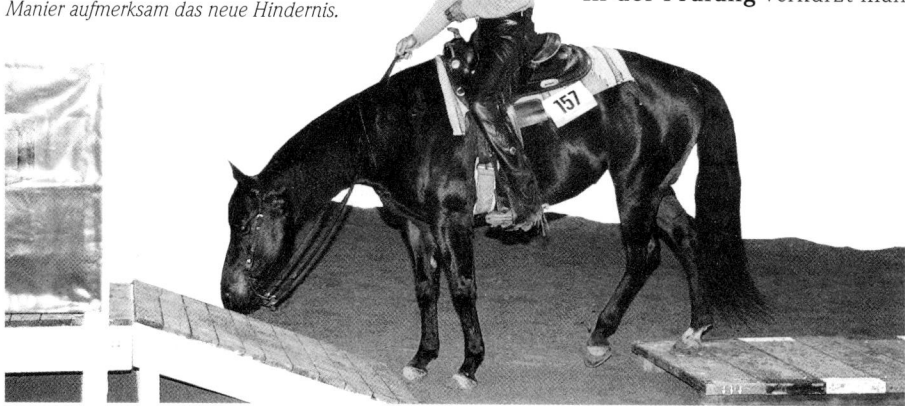

die Pausen zwischen den Einzelschritten, so daß das Gesamtbild flüssig erscheint. Bei einem jungen Pferd schadet es nicht viel, wenn die Pausen noch sichtbar sind. Sie dürfen nur nicht zu lang sein, so daß die Vorführung nicht stockend wirkt.

Es ist jedoch besser, etwas zu langsam mit leicht sichtbaren Pausen den Trail-Parcours zu absolvieren, als zu schnell mit einem Pferd, was durch die Hindernisse hindurchsaust, dabei unschön aussieht und womöglich noch anstößt.

Wie korrigiere ich ein Pferd, welches im Hindernis nicht aufpaßt?

Wenn ein Pferd im Hindernis den Kopf hoch nimmt und nicht mehr hinschaut und deswegen anstößt, muß es im Hindernis korrigiert werden.

Im Hindernis selbst darf jedoch nicht hart korrigiert werden. Das Pferd wird sofort mit einem »Whoa« angehalten (möglichst, ohne die Zügel anzunehmen), wenn es gegen eine Stange stößt. Wenn es steht, wird es mit dem Zügel genervt, gestört, bis es die Nase wieder tief auf den Boden nimmt. Das Ganze muß jedoch mit Ruhe durchgeführt werden. Im Hindernis hat der Reiter alle Zeit der Welt. Er läßt das Pferd also erst mal in Ruhe stehen, bevor er es dazu bringt, die Nase wieder tief zu nehmen.

Wenn es die Nase senkt und hinschaut, so läßt er es auch noch eine Weile so stehen und reitet dann erst vorsichtig weiter.

Die tiefe Nase zwingt das Pferd zum Hinschauen, entspannt gleichzeitig die Rückenmuskulatur und beruhigt damit das Pferd.

Wird das Pferd hektisch im Hindernis und fängt an zu zappeln, wenn es inmitten der Stangen angehalten wird, reitet der Reiter aus dem Hindernis hinaus, hält dann erst an, stellt das Pferd stark, reitet ein paar Vorhandwendungen (Korrektur-Vorhandwendung, siehe dort) und bringt damit die Nase wieder tief.

Das Tiefnehmen der Nase hat gleich einen doppelten Effekt: Erstens zwingt es das Pferd zum Hinschauen, wohin es tritt (ein Pferd mit tiefer Nase wird kaum je an eine Stange anstoßen). Zweitens beruhigt es das Pferd, denn die gesamte Rückenmuskulatur wird in dieser Haltung entspannt.

Die Haltung mit der tiefen Nase nimmt das Pferd in der Natur nur dann ein, wenn es sich sicher fühlt. Es gilt also: Das Gefühl der

Ein aufmerksames Pferd.

Sicherheit bedingt die entspannte Haltung mit tiefer Nase. Die Folgerung funktioniert aber auch umgekehrt: Eine tiefe Nase vermittelt dem Pferd das Gefühl von Sicherheit und Wohlbefinden. Indem man als Reiter also die Nase des Pferdes herunterbringt, vermittelt man ihm auch Wohlbefinden.

dernis ungeduldig werden lassen.
Hindernisse, die Seitwärts- und/oder Rückwärtsbewegungen verlangen, dürfen erst dann mit dem Pferd probiert werden, wenn Schulterkontrolle, Hinterhandkontrolle und das Rückwärtsrichten sowie das Schenkelweichen hundertprozentig außerhalb von Hindernissen funktionieren.

Wann werden Trail-Hindernisse geübt?

Während einer Trainingseinheit möglichst erst dann, wenn das Pferd schon eine Weile in Schritt/Trab/Galopp gearbeitet worden ist. Es hat dann schon etwas Dampf abgelassen und steht nicht mehr unter Spannung. Beides würde es im Hin-

Sollen Trail-Hindernisse immer als Ganzes geübt werden?

Das Pferd soll im Trail den Hilfen des Reiters nicht vorgreifen. In dem Moment, in dem der Reiter bestimmte Hindernisarten immer wieder übt, lernt sie das Pferd auswendig, langweilt sich und will die Übung

Die Aufmerksamkeit des Pferdes ist auf die Reiterhilfen gerichtet, wie die zurückgestellten Ohren zeigen.

möglichst schnell hinter sich bringen, weil es ja sowieso weiß, was es tun soll. Je intelligenter und eifriger das Pferd ist, um so eher wird es versuchen vorzugreifen.

Es ist deswegen viel besser, immer nur Teile von Hindernissen zu reiten und Hindernisteile im Training dauernd neu zu kombinieren. Dadurch lernt das Pferd, immer abzuwarten, was der Reiter von ihm will.

Im Trail-Training soll der Reiter immer nur die zentimetergenaue Kontrolle der Vor- und Hinterhand des Pferdes üben sowie die Aufmerksamkeit des Pferdes auf sich und seine Hilfen lenken. Die korrekte Ausführung von Hindernissen ist dabei erst einmal unwichtig.

Nicht egal ist sie jedoch für den **ungeübten Reiter**. Dieser muß erst einmal lernen, sich selbst im Trail-Hindernis zu koordinieren und seine Hilfengebung richtig zu dosieren - muß also das komplette Hindernis einige Male durchreiten, um die richtigen Hilfen im richtigen Moment zu geben. Der ungeübte Reiter sollte ein neues Hin-

---

Hindernisse, die das Pferd grundsätzlich beherrscht, sollten im Training immer nur in Varianten geübt werden.

---

dernis am besten auf einem ausgebildeten Pferd unter Anleitung sehr langsam durchreiten, damit sich Fehler erst gar nicht einschleichen. Das (ausgebildete) Pferd reagiert im allgemeinen immer dann richtig, wenn der Reiter keinen Fehler macht bzw. nicht hektisch wird und lehrt damit den Reiter die richtige Hilfengebung.

Seitwärtshindernisse

Wie soll sich das Pferd in Seitwärtshindernissen bewegen?

Halbe und ganze Schritte bei Seitwärtshindernissen.
Bei einfachen Hindernissen ist es schöner, wenn das Pferd übertritt, wie es dies auch beim Schenkelweichen tun würde.

Im Stangen-T.

Das ermöglicht eine flüssigere Bewegung.
Bei schwierigen, sehr engen Hindernissen ist es sicherer, wenn das Pferd halbe Schritte macht. Es setzt also einen Huf seitwärts und zieht den zweiten nur nach, tritt also nicht über. Die halben Schritte kann man gut trainieren, wenn das Pferd gelernt hat, auf die Handpause zu reagieren. Man senkt die Hand nach dem halben Schritt, und das Pferd wird den Fuß, welchen es gerade bewegt, abstellen.

Da das Pferd dabei immer nur ein Bein bewegt und das noch 'sehr langsam, ist es sehr präzise zu steuern.
Bei den Übungen zu den halben Schritten soll das Pferd so langsam geritten werden, daß es fast einschläft. Mit einem müden Pferd am Ende eines Trainingsabschnittes geht dies meist am einfachsten.
Wenn der Reiter nicht merkt, wenn das Pferd einen halben Schritt gemacht hat, darf er ruhig runtergucken, um zu sehen, was unter ihm passiert (aber nicht ruckartig herunterbeugen) oder sich von einem Untenstehenden helfen lassen.

Was ist beim Training von Seitwärtshindernissen zu beachten?

Bei Hindernissen wie dem T oder V oder ähnlichen Figuren muß das Pferd die reine Seitwärtsbewegung begriffen haben, bevor am Hindernis probiert wird. Es soll sich der Seitwärtsbewegung im Hindernis nicht mehr nach vorne oder hinten entziehen wollen.

Das Pferd muß, bevor es in ein Seitwärtshindernis hineingeritten wird, völlig kontrolliert seitwärts geritten werden können. Dazu gehört die zentimetergenaue Kon-

Bevor ein Seitwärtshindernis geritten werden kann, muß das Pferd ohne Hindernis kontrolliert seitwärts gehen können.

trolle der Bewegung von Vorhand und Hinterhand, deren Winkel zur Bewegungsrichtung sowie die Kontrolle von Tempo und Rhythmus der Bewegung mit halben und ganzen Schritten (siehe: Feinabstimmung) ist. Diese Kontrolle soll nicht im Hindernis geübt werden, sondern vorher.

Wie trainiere ich kontrollierte Seitwärtsbewegung?

Für die kontrollierte Seitwärtsbewegung muß der Reiter in der Lage sein, die Vorhand und die Hinterhand des Pferdes unabhängig voneinander zu steuern.
Eine gute Vorübung ist es, das Pferd an der Bande dem äußeren Schenkel weichen zu lassen, die Hinterhand dann immer weiter seitwärts zu treiben, bis das Pferd eine 90°-Abstellung hat - sich also nicht mehr vorwärts-seitwärts an der Bande entlang bewegt, sondern nur noch seitwärts. Die Bande hilft dem Reiter, das Pferd mit den Vorderbeinen auf einer Linie zu halten, denn es kann ja nach vorne nicht weg. Nach einiger Zeit treibt der Reiter die Hinterhand noch weiter herum, begrenzt die Vorwärtsbewegung mit dem Zügel und führt damit eine Vorhandwendung aus.
Danach macht er eine kurze Pause und läßt anschließend das Pferd wieder in die andere Richtung seitwärtsgehen - mit erneuter Vorhandwendung am anderen Ende der langen oder kurzen Seite. Und wieder Pause.
Zum Beispiel: Der Reiter ist auf der linken Hand. Er stellt das Pferd nun nach rechts zur Bande und treibt es mit dem rechten Schenkel seitwärts. Beide Hände werden nach rechts genommen. Dadurch steht der linke Zügel an. Er begrenzt die Vorwärtsbewegung des Pferdes und verhindert, daß das Pferd über die Schulter wegläuft. Der rechte Zügel wird unter Umständen noch etwas stärker angenommen und evtl. seitlich nach rechts herausgeführt, wenn sich

das Pferd nach links umstellen will. Der Reiter darf das Pferd nicht im Hals biegen, da das Pferd sonst über die linke Schulter weglaufen kann. Es soll weitgehend geradegestellt bleiben - eine zeitweilige leichte Rechtsstellung des Kopfes ist jedoch in Ordnung.
Je mehr nun der rechte Schenkel treibt und der linke Zügel angenommen wird, desto mehr wird die Vorhandbewegung gestoppt und desto stärker stellt sich das

Seitwärts über eine Stange.

Pferd mit der Hinterhand von der Bande ab - bis es die 90°-Abstellung erreicht, die für die Seitwärtshindernisse nötig ist. Treibt der Reiter nun weiter mit dem rechten Schenkel und nimmt den linken Zügel noch mehr an (ohne daß sich das Pferd nach links stellt - mit dem rechten Zügel bei Bedarf nach rechts einwirken), so führt das Pferd eine Vorhandwendung aus: Es kann vorne nicht mehr weg, weil der Zügel und die Bande es begrenzen - also bewegt sich nur noch die Hinterhand im

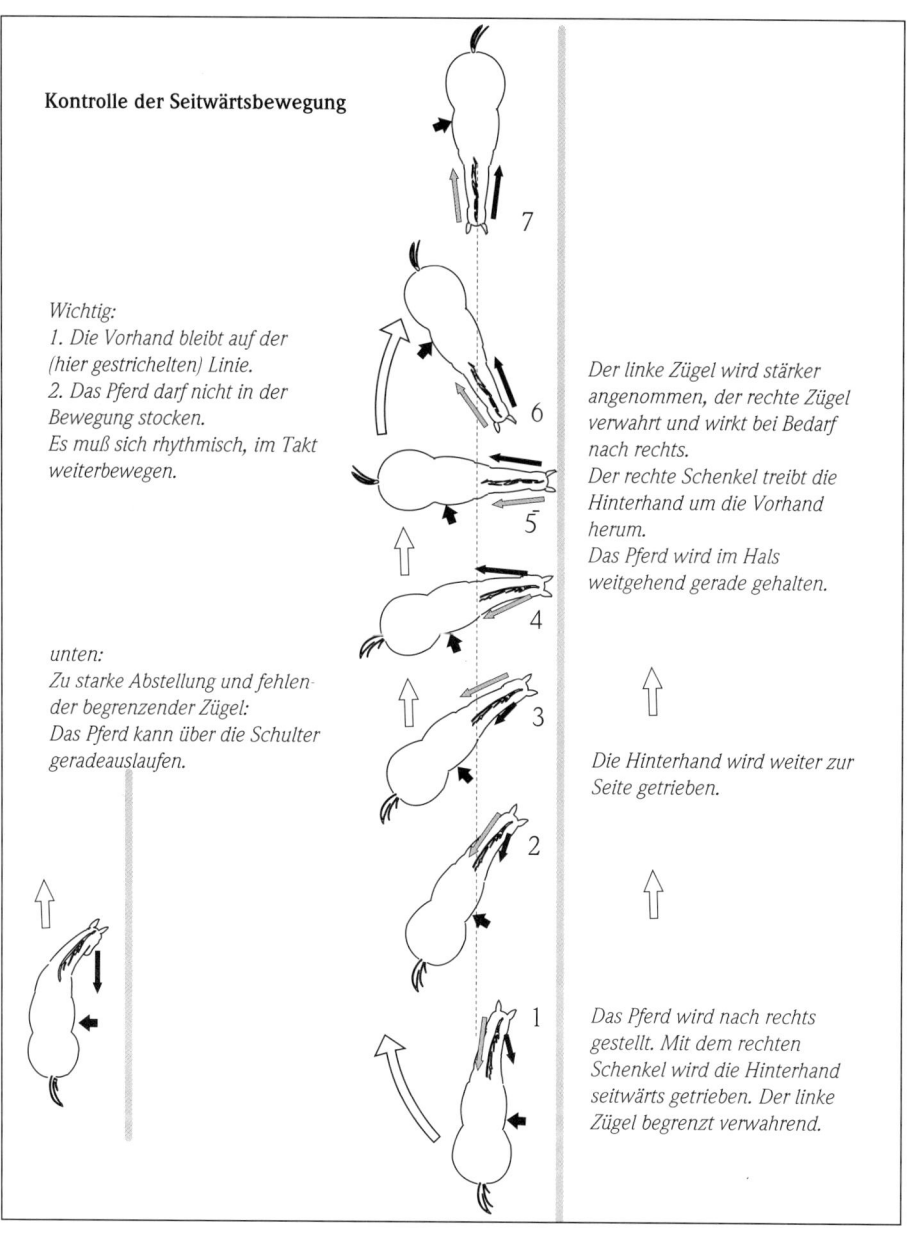

Kontrolle der Seitwärtsbewegung

Wichtig:
1. Die Vorhand bleibt auf der (hier gestrichelten) Linie.
2. Das Pferd darf nicht in der Bewegung stocken.
Es muß sich rhythmisch, im Takt weiterbewegen.

unten:
Zu starke Abstellung und fehlender begrenzender Zügel:
Das Pferd kann über die Schulter geradeauslaufen.

Der linke Zügel wird stärker angenommen, der rechte Zügel verwahrt und wirkt bei Bedarf nach rechts.
Der rechte Schenkel treibt die Hinterhand um die Vorhand herum.
Das Pferd wird im Hals weitgehend gerade gehalten.

Die Hinterhand wird weiter zur Seite getrieben.

Das Pferd wird nach rechts gestellt. Mit dem rechten Schenkel wird die Hinterhand seitwärts getrieben. Der linke Zügel begrenzt verwahrend.

Bogen um die Vorhand herum. Der Reiter ist nun auf der rechten Hand - er stellt das Pferd nach links und wiederholt diese Übung nach einer angemessen langen Pause nach der anderen Seite.

Mit dieser Übung lernen Pferd und Reiter, sich über die Abstellung - den Winkel zur Bewegungsrichtung - zu einigen. Der Reiter lernt, Zügel- und Schenkelhilfen richtig zu dosieren; das Pferd lernt mit Hilfe der

Bande diese Feinabstimmung zu verstehen. Mit der Zeit sollte der Reiter an der Bande immer weniger Zügelhilfen einsetzen müssen. Ziel der Übung ist die Kontrolle der Seitwärtsbewegung am losen Zügel an der Bande.

Wenn die oben beschriebene Übung an der Bande am losen Zügel gut klappt, so entfernt sich der Reiter immer weiter von der Bande und versucht, ohne die Begrenzung durch die Bande das Pferd genauso zu dirigieren. Auch hier sollte er mit fortschreitender Kontrolle des Pferdes versuchen, die Seitwärtsbewegung nur noch über Schenkeldruck zu steuern. (Jedesmal, wenn das Pferd einen Schritt zur Seite macht, gibt der Reiter zur Belohnung mit der Hand nach, jedesmal, wenn es vorwärts gehen will, nimmt er den Zügel an. Damit nimmt der Reiter dem Pferd das Verlangen, vorwärts zu gehen.)

Wichtig ist, die reine Seitwärtsbewegung aus der Vorwärts-Seitwärtsbewegung (Schenkelweichen) heraus zu entwickeln, damit das Pferd auch in der reinen Seitwärtsbewegung die Beine vorne überkreuzt (= äußere Beine werden vor innere Beine gesetzt, wenn das Pferd dabei überkreuzen soll, und nicht nur einen halben Schritt machen soll).

Was ist bei Seitwärtshindernissen mit Zickzackkurs zu beachten?

Der Reiter muß bei diesen Hindernissen (Stangen-T, U, V etc.) immer genau wissen, wo sich die Hinterbeine und die Vorderbeine des Pferdes auf dem Boden befinden. Andernfalls kann er weder Vorhand noch Hinterhand sauber dirigieren.

Da hilft nur: Auf die Beine des Pferdes herunterschauen und immer wieder kontrollieren, wo sich welches Bein gerade befindet. Besonders das Stangen-T stellt in dieser Hinsicht eine Herausforderung dar.

Der Reiter sollte bei der Vorhandwendung im Stangen-T auf die Hinterbeine des Pferdes herunterschauen, um genau zu wissen, wo die Hufe sich befinden. Dazu muß er sich recht weit nach hinten auf die Seite

Herunterschauen, wo die Beine des Pferdes sind.

neigen, wo die Hinterhand hindrehen soll - und muß dem Pferd im Training beigebracht haben, dieses weite Herüberneigen zu akzeptieren, ohne durch Ausweichen darauf zu reagieren. Die Hinterhandwendung ist einfacher zu bewältigen, da sich der Reiter dabei im Sattel nicht so verdrehen muß.

Bei Zickzackhindernissen muß der Reiter auf die Hinterhand des Pferdes herunterschauen.

Wie kontrolliere ich mein Pferd, wenn es Angst zeigt?

Was mache ich, wenn mein Pferd »schief« guckt, deutlich Angst zeigt vor einem Gegenstand und nicht vorbei oder dran will.

Man handle nicht nach dem Motto: Schau mal, das ist doch gar nicht schlimm - guck es dir doch mal genau an...
Also: Dem Pferd die Gegenstände nicht explizit zeigen.
Das Pferd wird nur gerade gehalten.
Der Reiter will Gehorsam vom Pferd und die völlige Schulterkontrolle - sonst nichts. Er zwingt das Pferd nicht genau dorthin, wo es aus Angst nicht hinwill und provoziert damit auch einen offenen Ungehorsam, sondern verlangt nur, daß es nicht über die Schulter wegläuft, sich also seinen Hilfen nicht entzieht.
In der Prüfung kann er es auch ein wenig von dem angsterzeugenden Gegenstand weg stellen, so daß es ihn nicht mehr genau sieht. Er kann so tun, als wolle er überhaupt nicht in die Nähe des Gegenstandes, stellt das Pferd deutlich in die andere Richtung und drückt es schenkelweichenartig doch wieder hin.
Es handelt sich bei dieser Art von Kontrolle des Pferdes nicht um Überzeugungsarbeit nach dem Motto: »Überzeuge dich selbst, daß dir nichts passiert«, sondern um **eine rein reit-technische Kontrolle.** Das Pferd wird auf einer vom Reiter gedachten »Ideal«-Linie geritten und darf sich von dieser nicht entfernen. Der angstmachende Gegenstand ist dabei völlig belanglos, dabei tut der Reiter so, als ob er für ihn gar keine Rolle spielt - nur sein vorgedachter Weg ist wichtig.

Diese Art der Kontrolle gibt dem Pferd das Gefühl, daß es der Reiter zu nichts zwingt, was es nicht akzeptieren kann.

Wenn man Pferde hingegen alles Ungewöhnliche genau anschauen läßt oder sie daran riechen läßt, so kann es passieren, daß sie vor Ungewohntem stehenbleiben, um es zu untersuchen, auch wenn sie es nicht sollen, z.B. in einer Pleasure, wenn etwas im Publikum ihre Aufmerksamkeit erregt, etc.

Beispiel:
Das Pferd hat Angst vor der Bandenwerbung.
Der Reiter bewegt nun das Pferd auf dem Zirkel in der Nähe der »gefährlichen« Werbung. Er reitet das Pferd in Innenstellung - benutzt den inneren Schenkel, um das Pferd leicht nach außen zu drücken; dort will das Pferd nicht hin, denn außen befinden sich ja die gefährlichen Schilder. Der innere Schenkel wird jedoch nicht massiv eingesetzt, um das Pferd ganz außen auf dem Zirkel - in der Nähe der »Gefahr« zu halten. Vielmehr ist er hauptsächlich für die Biegung des Pferdes zuständig. Das Pferd wird nun von sich aus relativ kleine

---

Das Pferd soll den »bequemen« Weg wählen können.

Zirkel gehen, um sich weit genug von der »Gefahr« fernzuhalten. Achtet der Reiter auf die richtige Biegung und Stellung, sind die kleinen Zirkel für das Pferd jedoch viel anstrengender als es ein großer wäre. Der Reiter zwingt nun das Pferd nicht an die Schilder heran, sondern tut so, als ob sie ihm völlig egal sind und wartet, bis es dem Pferd von allein zu unbequem wird, kleine Zirkel zu gehen und es diese langsam selbständig vergrößert - sich also von selbst der »Gefahr« nähert.

Der Reiter hat nichts weiter getan, als die Biegung erhalten, das Pferd also technisch kontrolliert. Die Überzeugungsarbeit hat das Pferd selbst geleistet. Es hat den bequemeren Weg gewählt und selbst entschieden, daß keine Gefahr existiert.

Was tue ich, wenn mein Pferd vor einzelnen Hindernissen oder Aufgaben scheut?

Im Training

Oft sind es Gegenstände im oder am Hindernis, die das Pferd dazu veranlassen, schief zu gucken oder den Rückwärtsgang einzulegen. Meist handelt es sich um Planen, Capes oder ähnliches, die angezogen oder transportiert werden sollen.

Mäntel oder Regencapes anzuziehen oder Säcke zu transportieren, ist reine Übungssache.

Pferden, die Angst vor flatternden Umhängen etc. zeigen, kann man diese beim Aussacken mit verschiedensten Decken und Mänteln nehmen. Man kann beim Longieren Mäntel, Planen und Klappersäcke am Sattel festbinden. Dabei fängt man mit kleinen, harmlosen Dingen an (z.B. kleiner Sack ohne klappernden Inhalt) und steigert langsam (z.B. raschelnde Tüten mit verschiedenem, klappernden Inhalt). Man kann Planen an Stellen aufhängen, an denen sie immer wieder vorbeimüssen oder sogar in die Box in eine Ecke legen. Es ist prinzipiell eine reine Abstumpfungstherapie.

Wenn sie sich oft genug drüber aufgeregt haben, werden die Pferde ihre Angst vor vielen Gegenständen verlieren. Selbst der aufregendste bunte Regenschirm wird irgendwann langweilig, wenn man ihn jeden Tag zu sehen bekommt.

In der Prüfung

Trotzdem wird es immer noch unsichere Kandidaten auf dem Turnier geben. Merkt der Reiter, daß sein Pferd anfängt zu klemmen, so stellt er es von dem Hindernis weg und versucht, es an den Ständer oder die Tonne, wo ein beängstigender Gegenstand liegt, in Außenstellung mit leichtem Schenkelweichen heranzumogeln (technische Kontrolle, siehe unten). Während er den Mantel, oder was auch immer es ist, aufnimmt, versucht er zu verhindern, daß das Pferd genau hinsieht - er läßt das Pferd also von dem Mantel abgewandt stehen

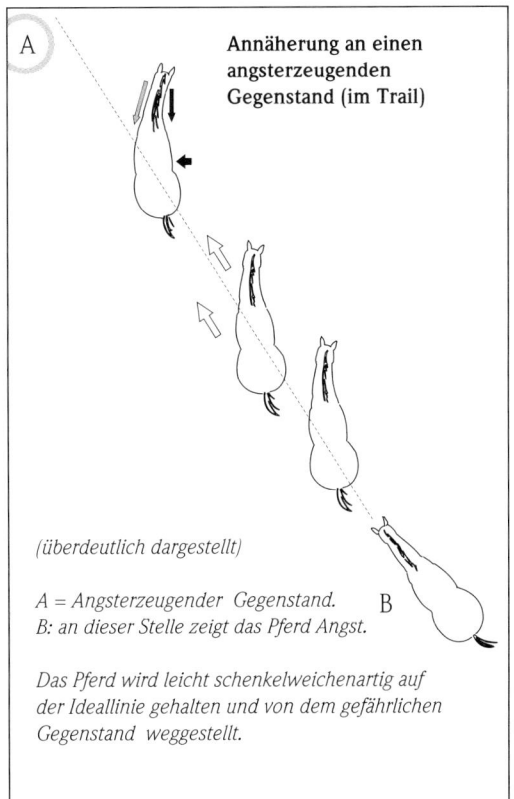

Annäherung an einen angsterzeugenden Gegenstand (im Trail)

A

B

(überdeutlich dargestellt)

A = Angsterzeugender Gegenstand.
B: an dieser Stelle zeigt das Pferd Angst.

Das Pferd wird leicht schenkelweichenartig auf der Ideallinie gehalten und von dem gefährlichen Gegenstand weggestellt.

65

und agiert weitgehend in seinem toten Winkel, also in dem kleinen Bereich, den das Pferd mit seinem Gesichtskreis nicht abdeckt. Zudem bewegt er den Mantel langsam - jedoch nicht übertrieben langsam, weil sonst das Pferd denken könnte, es schleicht sich etwas an und durch panisches Wegspringen reagiert. (Steht das Pferd entspannt und ruhig, können Gegenstände schneller und flüssiger bewegt werden - man kann das Pferd auch absichtlich damit berühren, das zeigt dem Richter, daß das Pferd wirklich gelassen und cool bleibt.) Die oben beschriebene Methode funktioniert natürlich nur dann, wenn das Pferd prinzipiell den Mantel, Klappersack, oder was auch immer an dem Hindernis liegt, kennt und nur leicht vor den Tonnen scheut. Hat es auch zu Hause noch Angst vor diesen Dingen, so läßt man das Hindernis aus, nachdem man möglichst dicht daran vorbeigeritten ist.

Auch wenn das Pferd, nachdem man es neben der Tonne oder dem Ständer abgestellt hat, noch deutlich unter Spannung steht und man damit rechnen muß, daß es explodiert, sollte man einfach weiterreiten oder den Mantel nur mal probehalber aufnehmen, ohne ihn anzuziehen und damit beide Hände vom Zügel zu nehmen - also die Kontrolle des Pferdes aufzugeben. Schießt das Pferd nämlich ab, wenn gerade beide Arme des Reiters halb im Mantel stecken, so kann das ganz schön unangenehm werden. Eine Hand sollte also bei unsicheren Kandidaten immer am Zügel bleiben.

Der Reiter soll nicht versuchen, noch Punkte in einem Hindernis herauszuholen, vor dem das Pferd scheut. Der Richter hat sowieso schon gesehen, daß das Pferd Angst gezeigt hat. Das Hindernis wird mehr oder weniger nur als Korrekturmaßnahme angesteuert.

Solche Korrekturen in der Prüfung funktionieren jedoch nur, wenn das Pferd schon sehr gehorsam auf die Hilfen des Reiters reagiert, weil dem Reiter sonst die erforderliche Kontrolle über das Pferd fehlt.

Scheut das Pferd schon von weitem vor einer Plane oder sonst einem Hindernis, so hilft auch der Trick mit der Außenstellung nichts, denn das Pferd wird sich gar nicht erst in die Nähe des Hindernisses reiten lassen. Merkt der Reiter also, daß das Pferd schon weit vor dem eigentlichen Hindernis droht, aus der Kontrolle zu geraten, so lasse er das Hindernis aus und reite zum nächsten Hindernis weiter. Das Pferd soll jedoch möglichst nicht merken, daß der Reiter eigentlich dort hin wollte.

Mit diesen Ablenkungsmanövern verhindert der Reiter eine offene, und für Rich-

Das Pferd muß auf angsterzeugende Gegenstände abgestumpft werden.

teraugen unschöne - und leider auch oft für das Pferd einprägsame - Auseinandersetzung mit dem Pferd.

In der Prüfung hat er einfach weder Zeit noch Ruhe, das Pferd vernünftig an ein Hindernis heranzuführen, welches es vehement verweigert. Der Reiter kann einen solchen Kampf - allein aus Zeitgründen - nur verlieren.

Abhilfe zu Hause schafft man erstens durch hundertprozentige Schenkelkontrolle und zweitens durch Abstumpfen des Pferdes auf besagte Gegenstände.

Auf dem Turnier mogelt man sich durch und läßt nötigenfalls Hindernisse aus.

Was die Angst eines Pferdes angeht, so muß sich der Reiter auch darüber klar sein, daß es Pferde gibt, die immer und vor allem Möglichen schief gucken werden. Es sind dies einfach keine Trail-Pferde. Und auch die Ausbildung ändert diese Tatsache nicht grundsätzlich. Wir können auch keinen Menschen mit Höhenangst einfach so aufs Dach prügeln und denken, er lernt das schon noch.

Wie reite ich das Quadrat?

Im Quadrat wird eine Mittelhandwendung geritten.
Das Pferd bewegt abwechselnd einen Schritt die Hinterhand - Pause - dann einen Schritt die Vorhand (manchmal auch zweimal die Vorhand oder zweimal die Hinterhand hintereinander, wenn es erforderlich ist). Die Pause ist wichtig, damit das Pferd diese Wendung nicht mit einer Hinterhandwendung im Sinne eines Spins verwechselt.
Zum Verständnis von innen und außen in dieser Lektion:
Dreht der Reiter das Pferd nach rechts, so ist rechts innen und links außen, dreht er nach links, so ist es umgekehrt.
Die Vorhand wird dabei hauptsächlich mit dem Zügel gesteuert. Mit dem äußeren Zügel hält der Reiter das Pferd in sich gerade, verhindert also eine zu starke Biegung. Kommen Kopf und Hals des Pferdes nämlich zu weit nach innen, so stellt das Pferd die Hinterhand zur entgegengesetzten Seite heraus, sobald ihm die Biegung unangenehm wird. Das nicht gewollte, unkontrollierte Herausstellen der Hinterhand ist jedoch auf jeden Fall zu vermeiden, wenn das Pferd keine Fehler machen soll.
Bei sehr jungen, unerfahrenen Pferden kann die Vorhand auf dem Turnier sogar in minimaler Außenstellung gesteuert wer-

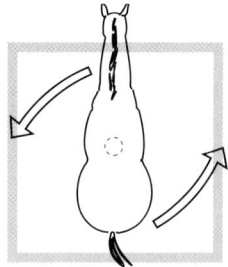

Im Quadrat: »Mittelhandwendung« nach links.

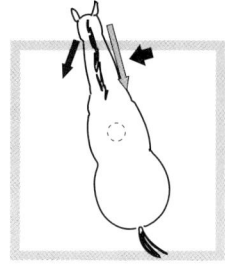

1. Die Vorhand wird zur Seite bewegt. Der äußere Zügel begrenzt und wirkt als Druckzügel. Der innere Zügel führt die Vorhand leicht seitwärts wirkend in die Wendung.

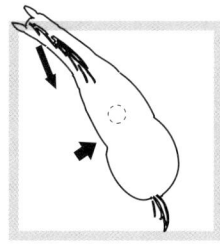

2. Die Hinterhand wird seitwärts bewegt (das Pferd wird leicht nach innen gestellt).

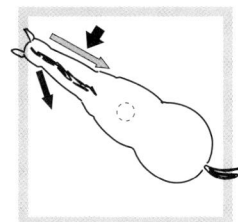

3. Die Vorhand wird zur Seite bewegt.

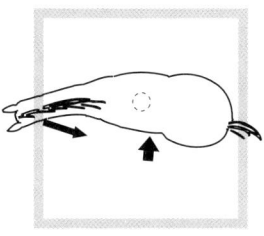

4. Die Hinterhand wird seitwärts bewegt.

Drehen im Quadrat.

Vorhand bewegt sich zur Seite.

den, um auf jeden Fall zu verhindern, daß das Pferd hinten heraustritt. Zusätzlich wird die Hinterhand mit einem leicht angelegten verwahrenden Schenkel (ohne Druck) am Ausfallen nach außen gehindert.

Für den anschließenden - nun gewollten - Schritt mit der Hinterhand nach außen wird das Pferd etwas deutlicher nach innen gestellt - jetzt soll ja die Hinterhand nach der Seite weichen, die Vorhand dagegen stehen bleiben. Der innere Schenkel drückt die Hinterhand zur Seite, der innere Zügel wird etwas mehr angenommen als der äußere Zügel, der die Schulter nach außen kontrolliert (der Schenkeldruck wirkt hier nur auf die Hinterhand. Die Vorhand bleibt auf der Stelle, was durch den begrenzenden äußeren Zügel gewährleistet ist). Beide Zügel verhindern einen möglichen Vorwärtsschritt des Pferdes.

Das fertig ausgebildete Pferd, welches einhändig geritten wird, bleibt im Quadrat gerade im Hals. Es reagiert mit der Vorhand auf Anlegen des äußeren Zügels.

Wie beeindrucke ich den Richter?

Der Richter kann bei großen Starterfeldern am Ende eines Tages vermutlich keinen Trail mehr sehen. In seinem Überdruß ist er nur noch durch eine flüssige, harmonische Manier zu beeindrucken. Das Reiten in der Ideallinie gehört dazu.

Ideallinie reiten

Pluspunkte gibt es darauf, aus der Bewegung ohne Ecken und unnötige Kurven die Hindernisse anzusteuern und von dort genauso flüssig und ohne unnötige Wendungen weiterzureiten. Alles darf zwar sehr langsam vor sich gehen - es soll jedoch kein Stocken im Ablauf auftreten. Manche Hindernisse sollten schon in einer Vorwärts-Seitwärtsbewegung angesteuert werden, um ein Drehen des Pferdes auf der Stelle vor dem Hindernis zu vermeiden.

Pause.

Hinterhand hat sich zur Seite bewegt.

Wie reite ich das Tor?

Beim Durchreiten des Tors führt man die Vorwärtsbewegung flüssig in eine Vorwärts-Seitwärtsbewegung über und nähert sich vorwärts-seitwärtsgehend dem Griff, so daß er genau in Höhe der Hand des Reiters bequem zu greifen ist.

Jedes Herüberneigen mit dem Oberkörper, um den Griff zu angeln, ist zu vermeiden. Es bringt das Pferd aus dem Gleichgewicht und sieht unschön aus; der Richter weiß sofort, daß das Pferd nicht auf feine Hilfen reagiert, wenn der Reiter sich weit zum Tor herüberneigen muß, weil das Pferd sich offensichtlich nicht bis zum Tor dirigieren ließ.

Das Pferd muß völlig parallel zum Tor stehen, bevor der Reiter mit dem Öffnen beginnt. Erstens heimst ein schrägstehendes Pferd allein schon durch unschöne Optik Minuspunkte beim Richter ein, und zweitens kann es sich schrägstehend ein-

facher der Kontrolle des Reiters entziehen. Beim Öffnen, Durchreiten und Schließen des Tores ist darauf zu achten, das Tor nicht weiter aufzumachen, als unbedingt nötig. Das Pferd soll die Öffnung immer verdecken, so daß kein - imaginäres - Rind durchschlüpfen kann.

Jedoch darf man sich auch nicht so eng

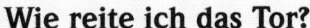

Jedes weite Herüberneigen des Reiters am Tor zeigt dem Richter, daß das Pferd nicht auf die Hilfen reagiert.

mit seinem Pferd durchs Tor durchquetschen, daß der Reiter mit Fußspitze oder Knie daran hängenbleibt. Das gibt Minuspunkte.

Das Tor wird mit einer Reihe von einzelnen Vorwärts- und Seitwärtsschritten bewältigt. Das Pferd geht langsam um den beweglichen Teil des Tores herum. Jedem einzelnen Seitwärts- oder Vorwärtsschritt folgt eine »Handpause«. Die Handpausen werden mit fortschreitender Ausbildung und Routine immer weiter reduziert, bis die Bewegung flüssig ist.

Nach dem Tor steht das Pferd meist quer zur weiteren Bewegungsrichtung. Jetzt sollte der Reiter sein Pferd nicht einfach irgendwie im Bogen oder mit einer Vorhandwendung in die vorgeschriebene Richtung bugsieren. Die Richter sehen hier gerne eine saubere Hinterhandwendung des Pferdes. Der Reiter beweist damit, daß sein Pferd auf der Hinterhand arbeitet.

Rückwärtshindernisse

Was tue ich, wenn mein Pferd schief einfädelt?

Oft liegt es an einem schief sitzenden Reiter, der unbewußt evtl. mit einem Schenkel Druck ausübt, wenn das Pferd nicht gerade einfädelt. Der Reiter muß sich ja rückwärts drehen, um zu sehen, wohin er das Pferd dirigiert.

Er muß darauf achten, daß dabei sein Becken gerade bleibt und nicht ein Unterschenkel ans Pferd gedrückt wird, um sein eigenes Gleichgewicht beim Umdrehen zu erhalten.

Dreht sich der Reiter nach links, so passiert es häufig, daß er gleichzeitig unbewußt den linken Schenkel ans Pferd drückt, damit unbeabsichtigt eine Hilfe gibt und sich wundert, wenn das Pferd nach rechts mit der Hinterhand wegtritt.

Er muß darauf achten, sich aus der Hüfte heraus nur wenig und in der Schulter etwas mehr zu drehen, damit er im Becken gerade bleibt. In beiden Beinen des Reiters muß die Muskelspannung gleich sein (möglichst gering).

Bevor rückwärts eingefädelt wird, muß das Pferd völlig gerade vor dem Hindernis stehen. Dann kann der Reiter die ersten paar Tritte fast ohne sich umzudrehen einleiten.

Das Einfädeln ist das A und O bei den Rückwärtshindernissen. Ist das Pferd erst einmal drin im Hindernis, ist es sicherer und einfacher zu lenken als beim Einfädeln. Auch der Richter hat besonderes Augenmerk auf das saubere Einfädeln - ohne hektisches Hin- und Hertreten des Pferdes.

Der Reiter bleibt aufrecht beim Durchreiten des Tores.

Bevor man das Pferd einfädelt, sollte eine kurze Handpause (siehe Grundlagen) gegeben werden. Es wird also kurz in Ruhe stehen gelassen, bevor es rückwärts gerichtet wird.

Bei älteren, routinierten Pferden wird die Handpause weniger wichtig, weil sie schon mehr Vertrauen in den Reiter haben und nicht so schnell hektisch werden.

Längere gerade Rückwärtsstrecken können dann auch mit etwas länger anstehendem Zügel zurückgelegt werden.

Ein Pferd, welches anfängt, sich nicht mehr einfädeln zu lassen, hat wahrscheinlich schon öfter mit den Hinterbeinen die Stangen berührt oder ist gar darübergetre-

---

Bevor rückwärts eingefädelt werden soll, muß das Pferd völlig gerade vor dem Hindernis stehen.

Das Pferd beim Einfädeln gerade halten.

ten, ohne daß es der Reiter sofort angehalten hat. Es hat wenig Vertrauen zu den Hilfen des Reiters. Deswegen muß unbedingt im Training sofort angehalten werden, wenn das Pferd die Stangen auch nur leicht berührt.

In der Prüfung

Wenn ein Pferd im Training nicht hun-dertprozentig sicher rückwärts einfädelt, so wird es auf dem Turnier (womöglich noch an einem schmalen, engen Hindernis) Probleme machen. Es wird sich entweder weigern, rückwärts zu gehen oder aber hektisch seitwärts hin- und hertreten, weil es nicht genug Vertrauen zum Reiter hat und nicht weiß, ob hinter ihm wirklich keine Gefahr droht. Unter Umständen sind aber auch die Schenkel- und Zügelhilfen des Reiters durch die Turnieraufregung nicht präzise genug, oder die Kontrolle durch den Reiter ist noch nicht gefestigt.

Durch vermehrtes Training zu Hause an Rückwärtshindernissen und durch bessere Schenkelkontrolle kann das Problem behoben werden. Kommt man allein dabei nicht weiter, so sollte man sich von einem Profi korrigieren lassen, damit sich eventuelle eigene Fehler, die man selbst nicht erkennt, nicht festsetzen.

Wie kann man ein Pferd vor einer Trail-Prüfung durch richtiges Abreiten beruhigen?

Man kann es etwas müde reiten, wenn es dazu neigt, sich aufzuregen. (Dies sollte man jedoch nur mit ausgewachsenen und konditionierten Pferden tun, nicht mit Dreijährigen, die damit schnell überfordert sind.) Dazu reitet man es einfach auf großen Linien Schritt, Trab (flott leichttraben) und Galopp. Etwa 10 Min. Schritt, 10 Min. Trab, 10 Min. ruhiger, gleichmäßiger Galopp (5 Min. links, 5 Min. rechts). Danach eine Schrittpause und nochmal 20 - 30 Min. im Leichttraben. Sonst nichts - keine Hindernisse üben und das Pferd auch sonst nicht mit irgend etwas fordern - nur durch monotone Bewegung etwas einschläfern und müde machen.

Dieses Abreiten gilt besonders für hektische, unzuverlässige Pferde.

Ein ruhiges, sicheres Pferd braucht nur etwas Aufwärmarbeit vor der Prüfung und kann ansonsten in Ruhe gelassen werden - vor allem dann, wenn es später noch andere Prüfungen gehen soll.

Wie bekommt der Reiter die eigene Nervosität in der Trail-Prüfung in den Griff?

In Form eines autogenen Trainings kann sich der Reiter vor und während der gesamten Prüfung immer wieder denken:
ein Schritt - Pause - ein Schritt - Pause - etc.
Zudem muß er sich immer wieder vorbeten: »Ich habe alle Zeit der Welt für meine Prüfung.« Der Richter muß warten, alle anderen müssen auch warten - ich habe keine Eile.

Über sich selbst lachen zu können ist auch ein bewährtes Mittel:
Steht man mit zitternden Händen vor dem Eingang und wartet auf seinen Auftritt, so kann man sich selbst sagen: Oh Mann, bin ich doof! Es will mir schließlich keiner ans Leben. Und jetzt zusammennehmen und lächeln - denn Lächeln entspannt.

Wie wird Trot-over und Lope-over am sinnvollsten trainiert?

Trot-over und vor allem Lope-over trainiert man am besten an der Longe.
Das Pferd wird dabei nicht vom Reitergewicht gestört und kann sich erst einmal in Ruhe allein über die Stangen bewegen. Sein Gleichgewicht ist nicht in Gefahr und es wird deswegen nicht so schnell versuchen, hektisch über alle Stangen zu springen.

Man beginnt mit einer Stange im Trab und steigert, wenn das Pferd ruhig bleibt, auf vier Stangen. Dann beginnt man mit einer Stange im Galopp und steigert langsam auf vier Stangen. Besonders beim Lope-over muß man dem Pferd soviel Zeit lassen, wie es braucht, um sicher zu werden. **Der Lope-over darf nicht forciert werden.** Andernfalls bekommt das Pferd Angst vor dieser Übung und regt sich auf. Die Anzahl der Stangen soll deswegen nur langsam gesteigert werden.

Die Stangen müssen auf dem Zirkel fächerförmig liegen. Der Longierende kann nun, je nachdem wie groß der Trabtritt bzw. Galoppsprung des Pferdes ist, das Pferd weiter außen oder weiter innen über die Stangen gehen lassen.

Es wird zuerst an der bzw. den Stangen vorbeilongiert. Dann geht der Longenführer zwei bis drei Schritte vorwärts - in Richtung der Stangen - und läßt das Pferd darüberlaufen. Anschließend geht er wieder rückwärts und longiert an den Stangen vorbei. Das wird auf beiden Händen wiederholt, bis das Pferd taktrein über alle vier Stangen geht. Es soll mit recht großen Abständen begonnen werden, die erst reduziert werden dürfen, wenn das Pferd ohne Hektik geht.

Erst wenn das Pferd die Stangen an der Longe auf dem Zirkel fehlerfrei, ohne anzustoßen und ohne aus dem Takt zu kommen, bewältigt, beginnt man damit, die Übungen auch unter dem Reiter zu fordern. Prinzipiell kann man dann unter dem Reiter gleich mit vier Stangen im Trab und auch im Galopp beginnen, denn das Pferd hat keine Angst mehr vor dieser Übung, wenn es sie an der Longe beherrscht. Will man langsamer - und sicherer - vorgehen, kann man aber auch unter dem Reiter die Anzahl der Stangen langsam steigern. Für die meisten Reiter und vor allem beim Lope-over ist dieser sichere Weg der bessere. Denn auch der Reiter muß bei dieser Übung etwas lernen. Er muß lernen, die Entfernung zur ersten Stange abzuschätzen und daraufhin die Galoppsprünge so anzupassen, daß das Pferd sauber über die erste Stange galoppieren kann. Erst wenn das Augenmaß des Reiters bei einer Stange stimmt, kann mit mehreren Stange geübt werden.

Wie korrigiere ich den Lope-over unter dem Reiter?

Manche Pferde fallen beim Lope-over in den Trab aus oder stocken in der Bewegung. **Das Pferd wird zur Korrektur erst aus den Stangen herausgeritten.** Dann gibt der Reiter erneut kräftige Galopphilfen und läßt das Pferd wieder angaloppieren. Das wird wiederholt, bis das Pferd über den Stangen im Galopp bleibt. Bei anhaltenden Schwierigkeiten unter dem Reiter sollte vorübergehend wieder mit verstärkter Longenarbeit begonnen werden.

Befindet sich das Pferd in den Stangen, so darf es - vor allem im Lope-over - nicht korrigiert werden. Kein Schenkeldruck und kein Annehmen der Zügel, denn mit beidem kann man das Pferd endgültig aus dem Takt bringen; es fabriziert Stangensalat, bekommt Angst vor der Übung und beschleunigt oder stockt beim nächsten Mal um so stärker. Also: entweder vorher korrigieren (z.B. durch kurzes Versammeln) oder nach der Übung.

Nur bei sehr sicheren, routinierten Pferden, die mit der Zeit ein wenig schlampig

werden und die Füße im Lope-over hängenlassen, kann im Hindernis korrigiert, vorwiegend versammelt, werden.

Lope-over über 4 Stangen.

Was ist zu beachten, wenn Gegenstände gezogen werden?

Wenn z.B. ein Sack hinter dem Pferd hergezogen werden muß, sollte der Reiter das Pferd sicherheitshalber so einstellen, daß es auf die Seite schaut, auf der der Reiter das Seil mit dem Sack nicht zieht. Das Pferd sollte nicht plötzlich merken, daß ihm etwas Kleines, Undefinierbares folgt. Das könnte eine Schreckreaktion zur Folge haben. Zudem soll der Reiter das Seil oder Lasso, an dem der Sack hängt, weit genug **vom Pferdekörper weghalten**, so daß er die Flanken des Pferdes nicht mit dem Seil berührt. Beides hilft, ein plötzliches Davonrennen des Pferdes zu vermeiden.

Training und Korrektur
Bereich Pleasure

Was wird in der Pleasure-Prüfung verlangt?

Die Pferde müssen in der Gruppe in den Grundgangarten auf jeder Hand mit minimalem Zügelkontakt vorgestellt werden.
Tempo-Verstärkungen in allen Gangarten können gefordert werden.
Zudem wird williges Rückwärtsgehen von den Pferden verlangt.
Beim Kommando Handwechsel macht es einen guten Eindruck, wenn das Pferd eine saubere Hinterhandwendung (Drehpunkt innerer Hinterfuß) beherrscht.
Der Reiter soll es nach innen in die Bahn hineindrehen beim Handwechsel.

Wie wird die Pleasure-Prüfung gewertet?

Bewertet werden die Reinheit der Gänge (Takt), die Weichheit von Übergängen und die Haltung des Pferdes. Es soll entspannt wirken, sich im Gleichgewicht befinden, im Genick nachgeben (Nase kurz vor der Senkrechten) und die Hilfen des Reiters ruhig, aber ohne lange Verzögerung annehmen. Besonderes Augenmerk wird auf Bequemlichkeit gerichtet. Knieaktion, zuviel Schub aus der Hinterhand oder starke Rückenbewegung werden negativ bewertet.
Das Pferd soll flach und weich auf- und abfußen. Ein zu kurzes, hartes Auffußen

der Vorderbeine auf die Hufspitze (wenn das Pferd über seine normale Fähigkeit hinaus oder zu schnell verlangsamt worden ist) wird schlechter bewertet als ein etwas schnelleres Pferd, welches sauber und mit aus der Schulter lockerem Vorderbein zuerst mit der Trachte auffußt und über die Hufspitze abrollt.

Die Oberlinie des Pleasure-Pferdes ist weitgehend gerade.

Das Pferd soll nicht stark aufgerichtet sein. Bilden Hals und Rücken eine weitgehend gerade Linie, ist die Rückenbewegung minimal, was positiv bewertet wird, weil es für den Reiter bequem zu sitzen ist. Das Genick des Pferdes soll jedoch der höchste Punkt sein.
Leichter Zügelkontakt zum Maul des Pferdes bzw. ein nur leicht durchhängender Zügel ist erwünscht (also kein lang durchhängender Zügel). Zudem erlaubt der leichte Zügelkontakt bei Bedarf eine schnelle Korrektur bzw. insgesamt eine bessere Kontrolle des Pferdes in der Prüfung.
Zu hohes oder extrem niedriges Tempo (mit Taktverlust), Stolpern, Außen- oder Kreuzgalopp, Nichteinhalten oder Nichtaufnehmen der geforderten Gangart, aufgerissenes Maul, Kopfschlagen oder Haltungsfehler (die auf mangelnde Durchlässigkeit oder Verspannung des Pferdes hindeuten) werden negativ bewertet.
Beim Rückwärtsrichten in der Pleasure-Prüfung soll das Pferd den Kopf tief

haben und im Genick nachgeben; der Hals bildet mit dem Rücken zusammen eine Horizontale.

Ziel ist ein schnurgerades Rückwärtsrichten ohne starken Zügeldruck - noch besser nur auf das Signal der angehobenen Hand hin. In der Pleasure soll das Rückwärtsrichten nur flüssig und taktrein (mit diagonaler Fußfolge) sein und den Gehorsam des Pferdes dokumentieren. Das schnelle Rückwärtslaufen, wie in der Reining, ist nicht nötig.

Wie bekommt das Pleasure-Pferd den letzten Schliff?

Nachdem das Pferd gelernt hat, die Grundgangarten langsam, harmonisch und taktrein zu gehen, muß es **in der Gruppe** trainiert werden. Es muß lernen, sich überholen zu lassen. Viele Pferde neigen dazu zu beschleunigen, wenn sie überholt werden. Ängstliche (rangniedrige) Pferde wollen einem überholenden Pferd so lange davonlaufen, wie es hinter ihnen ist und stocken oder bleiben unter Umständen stehen, wenn das überholende Pferd auf gleicher Höhe oder kurz vor ihnen ist, weil sie sich nicht mehr an es herantrauen.

Im Training soll das Pferd sofort korrigiert werden (angehalten und rückwärts gerichtet), wenn es unaufgefordert beschleunigt. Gegebenenfalls kann man auch abwenden und in die Gegenrichtung reiten. Mit der Zeit gewöhnt es sich daran, daß es überholt wird und weiß, daß ihm der Reiter nicht gestattet, schneller zu werden.

Auch das drohende Ohrenanlegen bzw. Schiefgehen (und andeutungsweises Kikken mit dem inneren Hinterfuß) eines Pferdes, welches sich nicht überholen lassen will, muß im Training abgestellt werden. Es gibt sich oft von allein, wenn ein Pferd oft genug überholt wird. Zur Not muß der Reiter aber auch mal mit dem Schenkel ausholen, um einen notorischen Giftnickel mit einem Tritt in den Bauch zu bestrafen.

Wenn ein Pleasure-Pferd (egal ob im Training oder in der Prüfung) schlägt und ein anderes Pferd richtig am Röhrbein trifft, so ist ein Knochenbruch oft vorprogrammiert. Mit Rücksicht auf andere an der Prüfung teilnehmende Pferde (und um schwerwiegende Unfälle zu vermeiden) sollte man zu Hause im Training schon etwas härter durchgreifen, wenn ein Pferd zum Schlagen neigt und nicht aus falsch verstandener Tierliebe zuviel durchgehen lassen.

Wie stelle ich mein Pferd in der Pleasure-Prüfung optimal vor?

Vor allen Dingen sollte der Reiter sich bemühen, immer außen zu reiten. Überholt er innen - was prinzipiell erlaubt ist -, so wirkt er für den Richter schneller, als er eigentlich ist, weil die innere Bahn kürzer ist, und der Reiter diese schneller umrundet.

Das **Ausreiten der Ecken** ist ein gutes Hilfsmittel. Zum einen, um ein zu schnelles Pferd zu versammeln, denn es muß in der Ecke das innere Hinterbein vermehrt untersetzen. Zum anderen sieht es die Bande als Barriere vor sich und wird von allein etwas verlangsamen. (Junge Pferde kann man, wenn sie eilig werden, auch auf der Geraden manchmal leicht nach außen stellen, so daß sie die begrenzende Wand vor Augen haben.) Ebenso kann man durch tiefes Ausreiten der Ecke ein

Pleasure: Ein junges Pferd im Jog mit erwünschter gerader Oberlinie.

paar Meter Platz schinden, wenn man schon zu dicht auf den Vordermann aufgeritten ist.

Wie weit man die Ecke ausreiten darf, ist - besonders im Galopp - vom Pferd abhängig. Wenn das Pferd dazu neigt auszufallen, so kann man sich mit tiefem Ausreiten der Ecke ein Eigentor schießen, wenn das Pferd nämlich einen Trabtritt einschiebt.

Der taktreine Gang muß in der Ecke auf jeden Fall erhalten bleiben.

Wie verhält man sich in der Pleasure-Prüfung?

Es gibt ein paar grundsätzliche Regeln. Zu diesen gehört, daß nicht zu dicht auf ein Vorderpferd aufgeritten wird. Der nachfolgende Reiter muß rechtzeitig nach innen ausscheren, wenn er merkt, daß das Pferd vor ihm deutlich langsamer geht als sein eigenes. Er tut dies in seinem eigenen Interesse, denn reitet er zu dicht auf, kann sein Pferd in die nächstniedrigere Gangart ausfallen oder zumindest aus dem Takt kommen.

Er schert natürlich auch nicht dicht vor der Nase eines anderen wieder in die Reihe ein, weil er diesen damit stark behindern würde. Das fällt in die Kategorie unsportliches Verhalten.

Ist man selber in der Situation, daß ein anderer Reiter zu dicht herankommt, so weise man ihn laut und deutlich darauf hin, daß er stört (möglichst so laut, daß es auch der Richter mitkriegt - aber nur, wenn die Behinderung wirklich gravierend ist).

Fühlt das eigene Pferd sich nämlich belästigt, kommt es aus dem Takt, fällt womög-

Pleasure: Das ältere Pferd ist im Jog etwas geschlossener und gibt im Genick nach.

lich aus oder hebt auch einmal ein Hinterbein, um dem Störenfried eins vor den Bug zu geben. Schaut der Richter gerade in dem Moment hin, so ist die Prüfung für das Pferd, welches geschlagen hat, gelaufen.

Beim Antraben oder Angaloppieren muß man **warten**, bis der Vordermann angetrabt oder angaloppiert ist. Erst dann kann man selbst die geforderte Gangart aufnehmen. Andernfalls liefe man Gefahr, zu dicht an den Vordermann heranzukommen, wenn dessen Pferd später reagiert. Sollte der Vordermann aber gar nicht in Gang kommen, so schert man nach innen aus, nimmt die geforderte Gangart auf, überholt und schert wieder nach innen ein.

Beim **Extended Trot** soll der Trab nur leicht verstärkt werden. Man soll die Verstärkung nicht übertreiben, denn ein rich-tiger Mitteltrab ist nicht gefordert. Wichtig ist vor allem der Erhalt von Takt und Losgelassenheit der Bewegung. Am einfachsten ist es, das Pferd mit einem Zungenschnalzen zum Verstärken des Tempos zu veranlassen. Zuviel Schenkeldruck könnte das Pferd falsch verstehen und in den Galopp springen. (Beim Extended Trot wird ausgesessen, nicht leichtgetrabt.)

Wie stelle ich sicher, daß das Pferd richtig und weich angaloppiert und gerade bleibt?

Im Training
Auf der Geraden stellt man die Hinterhand des Pferdes leicht nach innen (je unerfahrener das Pferd, um so stärker).

Eine Ecke bzw. der Zirkel kurz vor der geschlossenen Seite, also dort, wo das Pferd wieder kurz vor der durch die Bande begrenzten Seite des Zirkels ist, erleichtert das richtige Angaloppieren.

Vor einer Ecke ist nur die innere Seite des Pferdes frei, die äußere dagegen von der Ecke begrenzt. Deswegen springt das Pferd schon fast automatisch im richtigen Galopp an, wenn man vor der Ecke die Galopphilfen gibt: es schiebt mit dem äußeren Hinterbein das diagonale Beinpaar innen/hinten und außen/vorne über die innere Schulter nach vorn. Spränge es andersherum an, so würde es sich über die äußere Schulter in die Ecke, also in die Bande hineinschieben.

Pleasure-Galopp: Das Pferd ist etwas zu stark aufgerichtet.

Der äußere Schenkel des Reiters liegt beim Angaloppieren etwas hinter dem Gurt und übt Druck aus. Der innere Schenkel und der äußere Zügel kontrollieren die Schulter des Pferdes (halten sie außen).

Nach den ersten 3 - 4 Galoppsprüngen legt der Reiter den äußeren Schenkel wieder in eine normale, senkrechte Lage zurück. Er läßt ihn nicht hinter dem Gurt, während das Pferd galoppiert. Er vermeidet mit diesem Zurücklegen in die Senkrechte ein mögliches Schiefsitzen während des Galoppierens. Zudem vermeidet er ein Hereinstellen der Hinterhand des Pferdes in die Bahn.

(Motor der Bewegung ist das äußere Hinterbein. Es drückt ab und schiebt das Pferd auf das im Dreitakt des Galopps folgende diagonale Beinpaar (inneres Hinterbein/äußeres Vorderbein), und der richtige Galopp ist gewährleistet.

Das routinierte Pferd wird rein auf Zurücklegen des äußeren Schenkels richtig anspringen. Die Stellung der Hinterhand auf der Geraden kann damit entfallen.)

In der Prüfung:

Soll das Pferd in einer Pleasure-Prüfung gestartet werden, so sollte es auf Zurücklegen des äußeren Schenkels richtig anspringen können. Ein leichtes Hereinstellen der Hinterhand - möglichst so, daß es der Richter nicht sieht - sollte nur ein Sicherheitsfaktor sein.

Nach dem Kommando »Lope« hat der Reiter genügend Zeit, um sein Pferd in den Galopp zu bringen. Der Richter will kein schnelles, hektisches Angaloppieren sehen, sondern einen weichen, harmonischen Übergang von einer Gangart zur nächsten. Bei Pferden, die dazu neigen, hektisch anzuspringen, darf der Reiter die Hilfen keinesfalls überfallartig geben. Vielmehr muß er den äußeren Schenkel langsam und weich zurücknehmen und dann langsam den Druck außen aufbauen. Er muß dem Pferd Zeit geben, um richtig und ohne Aufregung anzuspringen. Viele Reiter neigen dazu, in der Prüfung eine Hilfe zu übertreiben. Das mag bei etwas phlegmatischen Pferden sinnvoll sein, bei nervösen führt es nur zu Unruhe. Das Pferd sieht dann nach dem Anspringen erst einmal für ein paar Sprünge schnell aus, auch wenn es sehr langsam galoppieren kann. (Schaut der Richter in diesem Moment des Angaloppierens, so hat er ein schlechtes Bild vor Augen.) Um dies zu vermeiden, hält der Reiter beim Angaloppieren und einige Sprünge danach leichten Zügelkontakt und gibt langsam nach, wenn das Pferd ruhig galoppiert.

Was tue ich, wenn das Pferd beim Angaloppieren den Kopf hochreißt oder gegen den Zügel geht?

Normalerweise reißt ein Pferd den Kopf dann hoch, wenn es eine zu starke oder zu heftige Hilfe bekommt, die es noch nicht ohne Probleme ausführen kann.

Manche Probleme mit dem Kopfschlagen entstehen, wenn das Pferd zu früh und mit zuviel Schenkel- oder Sporendruck angaloppiert wurde. Oder wenn der Reiter zu früh versucht, aus dem Schritt anzugaloppieren (oder bei Pferden, die Probleme im Trab haben, aus dem Trab).

Das Pferd weiß, daß ein unangenehmer Sporenpikser folgt, wenn es nicht gleich reagiert und wehrt sich mit Kopfschlagen.

Das Pferd reißt den Kopf auch häufig dann hoch, wenn der Reiter es zuviel mit dem Zügel festhalten will oder es zu früh zu versammeln versucht. Das Kopfschlagen kann schnell zu einer unangenehmen Eigenart werden, weil das Pferd auch, wenn es später sauber angaloppieren kann, damit immer noch etwas Unangenehmes verbindet und weiter ungnädig mit dem Kopf schlägt.

Im Training:
Um den Fehler zu vermeiden, sollte man nicht zu früh mit dem Galopp beginnen. Ist der Fehler aufgetreten, kann man viele Übergänge reiten und darauf achten, keinesfalls beim Angaloppieren den Zügel anstehen zu lassen. Manchmal entsteht das Kopfschlagen nämlich auch dadurch, daß der Reiter das Pferd im Anspringen durch ein - oft unbewußtes - Annehmen des Zügels stört.

Ein Pferd, welches vorne nicht festgehalten wird, hat keinen Grund mehr, den Kopf hochzunehmen. Es wird zwar die ersten Galoppsprünge etwas zu schnell werden; das jedoch kann man in Kauf nehmen, und es erst nach ein paar Galoppsprüngen vorsichtig zurücknehmen.

Pleasure-Galopp: Das Pferd geht etwas zu tief. Das Genick sollte der höchste Punkt sein.

Durch das Reiten von vielen Übergängen sowie durch versammelnde und gymnastizierende Arbeit im Schritt und Trab, besonders in den Seitengängen, behebt sich das Problem oft von allein.

Als härtere Korrekturmaßnahme, wenn sich der Fehler schon festgesetzt hat, kann man jedesmal, wenn das Pferd den Kopf hochreißt, anhalten und rückwärtsrichten. Dabei läßt der Reiter die Hand einfach nur stehen, bis das Pferd nachgibt. (Bei diesem Korrektur-Rückwärtsrichten ist es egal, ob das Pferd dabei schief geht.)

(Das Pferd sollte im Training prinzipiell immer bereit sein anzuhalten und rückwärts zu gehen. Damit hält man es auf der Hinterhand, weil es immer damit rechnen muß, daß im nächsten Augenblick ein Kommando zum Anhalten und Rückwärtsgehen kommt.)

In der Prüfung:
Mit Pferden, die grundsätzlich beim Angaloppieren den Kopf hochreißen, sollte man noch nicht aufs Turnier gehen.
Pferde, die dies nur gelegentlich tun, sollte man nicht am angenommenen Zügel angaloppieren, denn dabei würden sie den Kopf nur noch stärker hochreißen. Bleibt der Kopf des Pferdes beim Angaloppieren ohne Zügeldruck unten, ist es o.k. Nimmt das Pferd den Kopf hoch, so lasse man es zwei bis drei Galoppsprünge gehen, bis es sauber im Takt ist und arbeite dann daran, den Kopf wieder herunterzubringen, indem man den Zügel **vorsichtig** annimmt. (Die Betonung liegt auf vorsichtig. Wenn der Reiter zu hart einwirkt, dann wird sich das Pferd erst recht durch Hochdrücken des Halses und Kopfes wehren.)
Außerdem sollte man ein Pferd, was unsicher angaloppiert, möglichst anspringen lassen, wenn der Richter gerade wegschaut. Also: den Richter beobachten!
(Bei Pferden, die gut angaloppieren, soll der Reiter seinen Kopf natürlich aufrecht und gerade lassen und ihn nicht nach dem Richter verdrehen.)

Wie erreiche ich weiche Übergänge zwischen den Gangarten?

Bevor an den Übergängen gearbeitet wird, muß das Pferd gelernt haben, im Genick nachzugeben (siehe Grundlagen). Der Reiter muß durch leichtes Annehmen des Zügels den Kopf des Pferdes in die Senkrechte bringen können.

Das Pleasure-Pferd soll nicht zuviel Schub aus der Hinterhand entwickeln.

Grundsätzlich gilt: Im Gegensatz zum Reining-Training sollte man beim Pleasure-Training das Pferd nicht zu oft aus dem Rückwärtsrichten antraben oder angaloppieren, denn das Pferd entwickelt damit zuviel Schub aus der Hinterhand nach vorne. Die erwünschten weichen Übergänge leiden darunter.

Vom Schritt in den Jog:
Der Reiter nimmt den Zügel leicht auf und bringt den Kopf des Pferdes in die Senkrechte. Dann verstärkt er seinen Schenkeldruck im Schritt langsam und stetig, bis das Pferd weich den Jog aufnimmt. Es sollte nicht durch Klopfen mit dem Schenkel aufgefordert werden müssen, denn dann werden die ersten Trabtritte zu schnell und raumgreifend und müssen korrigiert werden. Dies ergibt ein unharmonisches Bild, wenn es der Richter gerade sieht.

Vom Schritt und vom Jog in den Galopp:
Der Reiter bringt wieder die Nase des Pferdes in die Senkrechte. Er nimmt beide Zügel leicht an und nach außen (siehe

Grundlagen). Der innere Schenkel liegt am Bauchgurt, der äußere hinter dem Bauchgurt. Beide Schenkel bauen langsam Druck gegeneinander auf. Der innere Schenkel achtet darauf, daß das Pferd nicht mit der Schulter nach innen fällt.

Ist das Pferd angesprungen, so schiebt der Reiter die ersten paar Galoppsprünge mit dem Becken mit und gibt noch etwas Schenkeldruck, bis das Pferd seinen Takt und das gewünschte Tempo gefunden hat. Danach sitzt der Reiter nur noch entspannt oben, gibt langsam mit der Hand nach, schiebt nicht mehr mit dem Becken und läßt die Schenkel locker am Pferd liegen.

Vom Halten in den Schritt oder Trab:
Es sind immer ein paar Schritte aus dem Halten, die die ganze Bewegung in Gang bringen. Beim zweiten oder dritten Tritt entscheidet dann der Reiter durch die **Intensität des Drucks**, ob es ein Trabtritt werden soll, bei dem ein diagonales Beinpaar beteiligt ist, oder ob es ein weiterer Schritt im Viertakt sein soll.

Um dem Pferd die Unterscheidung noch einfacher zu machen, kann der Reiter die **Trabhilfen** mit beiden Unterschenkeln **weiter hinten geben**.

**Vom Galopp
in den Trab und in den Schritt:
In den Trab**
Beim jungen Pferd nimmt der Reiter vor der Parade stärkeren Kontakt zum Maul auf. (Bei fertig ausgebildeten Pferden ist dies nicht mehr nötig.) Mit beiden Unterschenkeln drückt er kurz ein- oder zweimal, um die Hinterhand des Pferdes zu aktivieren. Danach bleibt der Schenkel wieder locker. Der Oberkörper des Reiters geht leicht nach hinten. Das Pferd soll sich

daraufhin zusammenschieben. Das junge Pferd braucht dafür noch etwas Gegendruck von vorne - deswegen soll der Reiter Kontakt zum Maul aufnehmen.

Das ältere, gut ausgebildete Pferd kann das Signal des Schenkeldrucks schließlich auch ohne Gegenhalten vorne richtig interpretieren. Nimmt der Reiter nämlich zusätzlich das Gewicht nach hinten, heißt das: langsamer - und das Pferd nimmt sich auf den Schenkeldruck hin auf. Nimmt der Reiter seinen Oberkörper aber nach vorne, so weiß das Pferd: vorwärts, schneller - und der Schenkeldruck bewirkt ein Beschleunigen. Der Zügel wird damit als Verständigungsmittel zunehmend unwichtiger.

Das richtig ausgebildete Pferd muß den Reiter treiben lassen, ohne sich nach vorne entziehen zu wollen.

In den Schritt:
Die Hilfen für die Parade aus dem Galopp zum Schritt sind die gleichen wie aus dem Galopp zum Trab.

Erst in dem Moment, in dem das Pferd sich aufnimmt und in diesem Augenblick die Hinterhand weit untergesetzt hat, um den Schwung der Bewegung damit abzufangen, entscheidet der Reiter, in welcher Gangart er weiterreitet.

Will er traben, so gibt er Druck mit den Schenkeln mit der Intensität, mit der er seine Pferde normalerweise trabt und schiebt mit seinem Becken etwas stärker nach vorn.

Will er Schritt reiten, so ist der Schenkeldruck schwächer und der Reiter schiebt das Becken nicht so stark nach vorn, sondern blockiert durch Kreuzanziehen etwas länger die Vorwärtsbewegung.

Im Schritt selbst sollen die Schenkel locker am Pferd liegen.

In jeder Gangart gilt:

Jedesmal, wenn das Pferd am losen Zügel seine Selbsthaltung verliert und auseinanderfallen will, nimmt der Reiter den Zügel auf, stellt damit den Kopf des Pferdes in die Senkrechte und baut Schenkeldruck auf, um es neu zu versammeln bzw. die Versammlung zu erhalten.

Sobald das Pferd zusammengestellt ist, wird der Zügel langsam losgelassen, damit das Pferd lernt, sich selbst zu tragen. Das Annehmen des Zügels darf - auch im Training - nie lange dauern, damit das Pferd nicht lernt, gegen den Zügel zu drücken.

Richtige Haltung des Pferdes im Pleasure-Galopp.

Es darf sich nicht auf stetig versammelnde Hilfen des Reiters verlassen bzw. diese dauernd suchen.

Wie halte ich das Pferd im taktreinen langsamen Galopp?

Im Training:

Grundsätzlich kann man davon ausgehen, daß ein Pferd, welches rund und gelassen galoppiert, von allein langsam wird. Es geht also grundsätzlich nicht darum, das Pferd zu verlangsamen, sondern darum, das Pferd ins Gleichgewicht zu bringen und locker zu reiten. Dann wird das Pferd von allein taktrein und nicht allzu schnell galoppieren. Die Zeit arbeitet dabei für den Reiter.

Der ganz langsame Pleasure-Galopp (im korrekten Dreitakt) ist jedoch für das Pferd sehr anstrengend, weil es die Hinterhand sehr stark untersetzen muß. Im Training - besonders zu Anfang der Ausbildung - soll der extrem langsame Galopp dem Pferd immer nur kurz zugemutet werden. Dehnt man ihn zu lange aus, so geht dies auf Kosten des reinen Dreitaktes. Ein paar Meter reichen zu Anfang.

Hat sich das Pferd erst einmal angewöhnt, einen Vierschlag-Galopp zu gehen, weil es zu früh »langsam gemacht« wurde, so kann dieser Fehler nur sehr schwer korrigiert werden. Sinnvollerweise vermeidet man ihn durch langsame Steigerung der Anforderungen.

Langsame Galoppreisen trainiere man mit jungen Pferden anfangs lieber ausgebunden an der Longe als unter dem Reiter. Enge, langsame Galoppzirkel, die das innere Hinterbein extrem fordern und das Pferd in sich stark spannen, sollen maximal zwei Runden dauern und dann wieder von weiten Zirkeln in entspanntem Trab oder Galopp abgelöst werden.

Unter dem Reiter (bei Pferden, die sich schon im Gleichgewicht befinden) sind lange gerade Strecken, auf denen das Pferd schön gerade und rund (und nicht so langsam, daß es sich zu sehr anstrengen muß) geritten wird, für die Entwicklung eines schönen Pleasure-Galopps von Vorteil. (Rennbahn, lange gerade Waldwege etc.)

In der Prüfung:
Vernünftige Richter fordern in der Prüfung keinen endlosen Galopp. Falls doch einmal sehr lange galoppiert wird, so lasse man sein Pferd lieber etwas schneller werden als die Taktreinheit aufs Spiel zu setzen.

Manche Pferde bauen sich in der Gruppe gern etwas auf und fangen an, schneller zu werden. Versucht man, sie mit durchweg angenommenem Zügel festzuhalten, so verkrampfen sie sich, laufen schief und werden zudem noch unbequem und taktunrein. Diese Pferde sollte man ruhig in etwas schnellerem Tempo gehen lassen und versuchen, sie mit Stimme zu beruhigen. Ebenso kann man die Zügel in kurzen Abständen immer wieder kurz aufnehmen, auf ein Verlangsamen des Pferdes warten und sofort wieder nachgeben. Das wiederholt man immer, wenn das Pferd nach dem Nachgeben wieder beschleunigen will.

Dieses Verfahren bringt weniger Punktabzug als ein verkrampftes Pferd im »Hasengalopp«.

Ein junges Pferd im Jog. Es trägt den Hals noch sehr tief.

Reining

Training und Korrektur
Bereich Reining

Was wird in der Reining verlangt?

Die Reining ist prinzipiell eine Dressurprüfung, deren Lektionen auf den Anforderungen der Herdenarbeit basieren.

Wendigkeit, Schnelligkeit des Pferdes sowie absolute Kontrolle jeder Bewegung durch den Reiter bei präzisem Einhalten einer vorgegebenen Pattern (Aufgabe) und minimaler Hilfengebung sind die Bewertungskriterien.

Die Reining-Lektionen stellen hohe Anforderungen an Pferd und Reiter.

Fliegende Wechsel aus schnellem und langsamem Galopp, deutliche Tempounterschiede am losen Zügel im Galopp, Sliding Stops aus flottem Galopp, schnelle, exakt gesprungene und gelaufene Wendungen auf der Hinterhand (Roll back und Spin) sowie schnelles, fast laufendes Rückwärtsrichten sind gefragt. Trotz ihrer Schnelligkeit soll die Vorstellung weich und elegant wirken, nicht hektisch und abgehackt. Wo Verharren gefordert wird, soll das Pferd bewegungslos auf seinen vier Füßen stehen und nicht vor Aufregung zappeln.

Verschiedene Pattern stehen zur Auswahl. Die von den Richtern gewählte

Der Sliding Stop.

Aufgabe wird spätestens 1 Stunde vor der Prüfung bekanntgegeben. Sie wird auswendig geritten.

Wie bewertet der Richter die Reining?

Jede einzelne Lektion in der Reining kann der Richter mit den Punkten -1, -1/2, 0, +1/2, +1 werten. Eine 0 vergibt er für eine durchschnittliche Ausführung des Manövers, -1/2 bis -1 für eine unterdurchschnittliche, +1/2 bis +1 Punkt für eine gute Ausführung.
Der Richter beginnt mit der Zahl 70 (er setzt eine durchschnittliche Leistung voraus) und addiert/subtrahiert für jede Lektion die Punkte.

Einzellektionen (und Bewertungskriterien) der Reining sind z.B.:
Fliegender Wechsel (am vorgeschriebenen Punkt, hinten nicht nachgesprungen).
Run Down (gerade und taktrein).
Stop (gerade und ohne Zügeleinwirkung / Minuspunkte für offenes Maul oder Kopfschlagen des Pferdes sowie für einen schiefen Stop oder ein mehrmaliges Nachsetzen der Hinterhand).
Rückwärtsrichten (gerade, flüssig und ohne Widerstand / Minuspunkte für ein schiefes Rückwärtsrichten, für ein offenes Maul oder Widerstand in der Schulter).
Roll back (ohne Stocken).
Spin (im Takt, ohne zu stocken, Drehpunkt innerer Hinterfuß).
Angaloppieren (am Punkt, im richtigen Galopp und ohne Trabzwischentritt).
Speed Control (ohne deutliche Zügelhilfen, deutliches Zurücknehmen des Tempos, deutliches Verkleinern des Zirkels).
Bei allen Lektionen wird es mit Punktab-

zug gewertet, wenn das Pferd den Reiterhilfen vorgreift.
Zusätzlich zur Bewertung der Lektionen vergibt der Richter Strafpunkte:

5 Strafpunkte Abzug gibt er für:
Festhalten des Reiters am Sattel.
Sporeneinsatz vor dem Gurt.
Deutlichen Ungehorsam des Pferdes (einschließlich schlagen, buckeln etc.).

2 Strafpunkte gibt er für:
Unterbrechung der vorgeschriebenen Gangart (z.B. aus dem Galopp in den Trab ausfallen), oder für um mehr als zwei Schritte zu spätes Aufnehmen der Gangart (Beginn eines Run Down mit mehreren Trabtritten).
Nichtbeachtung von Markierungen für Stop oder Roll back (Stops und Roll backs immer hinter der Markierung reiten).
Für das Reiten der Zirkel kann die Markierung mißachtet werden, wenn die (fehlende) Größe der Bahn dies erfordert.
Stocken bis zum Stillstand bei Spin oder Roll back.
Angaloppieren aus dem Trab, wo aus dem Schritt (bzw. Halten) vorgeschrieben.
Nichtausführen eines Galoppwechsels aus dem Zirkel zu einem Run Down auf der Mittellinie.

1 oder 1/2 Strafpunkt gibt er für:
Beginn eines Galoppzirkels im Außengalopp oder verspäteter fliegender Wechsel (jeweils pro viertel Zirkel im falschen Galopp): 1 Punkt Abzug - also: sauberer Wechsel am Punkt: keine Strafpunkte. Verspäteter Wechsel oder Kreuzgalopp im ersten Viertel des Zirkels: 1 Strafpunkt. Im zweiten Viertel des Zirkels: insgesamt 2 Strafpunkte. Im dritten Viertel des Zirkels: insgesamt 3 Strafpunkte. Ein ganzer Zirkel im Kreuz- oder Außengalopp: 4 Strafpunkte.

Galoppwechsel aus dem Zirkel zu einem Run Down zum Ende der Bahn (1 Galoppsprung zu spät): 1/2 Punkt Abzug.

Mehr als ein Galoppsprung zu spät, jedoch noch vor der nächsten Lektion (meist ein Stop): 1 Punkt Abzug.

(Galoppwechsel nicht ausgeführt: 2 Punkte Abzug, siehe oben.)

Zu spätes Aufnehmen des Galopps nach einem Roll back oder beim Start eines Zirkels bis zwei Schritte: 1/2 Punkt Abzug (um mehr als 2 Schritte: siehe oben).

Ein achtel Spin zuviel oder zuwenig: 1/2 Punkt Abzug.

Ein viertel Spin zuviel oder zuwenig: 1 Punkt Abzug.

Mehr als ein viertel Spin zuviel oder zuwenig gilt als Verreiten (siehe Disqualifikation).

Stops zu dicht vor der Bande (Minimum Abstand 6 m nach vorne): 1/2 Punkt Abzug.

Bei Runs, die um das Ende der Arena herumführen, darf das Pferd an der langen Seite im beliebigen Galopp sein, in der Ecke muß es sich jedoch im richtigen Galopp (innen) befinden. Für jede Ecke im Außengalopp wird ein Strafpunkt vergeben.

Umwerfen von Markierungen wird mit 1/2 Punkt Abzug bestraft.

Verliert der Reiter den Steigbügel oder gibt zu deutliche Stimm-, Zügel- oder Sporenhilfen, so kann dies der Richter mit Punktabzug bewerten.

0 Punkte auf die Gesamtvorführung erhält der Reiter bei Verreiten, verbotener Ausrü-

Sliding Stop mit einem jungen Pferd. Der Reiter hilft dem Pferd durch den angenommenen Zügel.

stung, Sturz, fremder Hilfe etc. (siehe Disqualifikation).

Wie lose soll der Zügel in der Reining-Prüfung sein?

Prinzipiell möchte der Richter zwar gern einen leicht durchhängenden losen Zügel sehen. Wenn das Pferd jedoch in der Technik von manchen Lektionen noch etwas Probleme hat, so ist es sinnvoller, wenn der Reiter es dabei mit anstehendem Zügel unterstützt. Bleibt das Pferd z.B. im Spin am losen Zügel noch nicht sicher auf dem inneren Hinterbein stehen, so sollte der Reiter den äußeren Zügel auch in der Prüfung etwas annehmen. Der anstehende

Zügel ist das kleinere Übel, er wird vom Richter nicht so negativ bewertet, wie eine fehlerhafte Hinterbeintechnik des Pferdes. (In der Horsemanship ist sogar leichter Zügelkontakt erwünscht.)

Der Zügel kann in der Prüfung dann lose gelassen werden, wenn das Pferd im Training nicht mehr nach dem anstehenden Zügel fragt, wenn es in seiner Technik

---

Technisch korrekte Ausführung der Lektion geht immer vor losem Zügel.

---

soweit sicher ist, daß es sich dem anstehenden Zügel letztlich (beim Spin z.B. durch vermehrtes Setzen auf die Hinterhand) entzieht.

Versucht der Reiter mit losem Zügel zu

Sliding Stop mit dem gleichen Pferd ein Jahr später: Der Zügel ist lose, das Pferd setzt sich hinten stärker.

reiten, obwohl die Technik des Pferdes noch nicht genügend gefestigt ist, so gewöhnt sich das Pferd Fehler an und merkt sich zudem, daß der Reiter es in der Prüfung nicht richtig korrigiert.

Die technisch korrekte Ausführung von Lektionen geht immer vor dem losen Zügel.

Der vermehrte Zügelkontakt wird vom Richter akzeptiert, wenn der Reiter spektakulär (und trotzdem sauber) reitet - wenn seine Stops länger, seine Drehungen schneller und seine Wechsel flüssiger als die von Reitern mit längeren Zügeln sind, die langsam und unspektakulär reiten.

Wie wird die Länge des Sliding Stops bewertet?

Es ist (besonders bei allen Amateur-Prüfungen) besser, einen Zwei-Meter-Stop in sauberer Manier zu reiten (gerade, mit lockerer Schulter des Pferdes, geschlossenem Maul, losem Zügel etc.) als einen unsauberen Fünf-Meter-Stop (schief, mit offenem Maul etc.).

Die Länge des Stops ist nur bei gleich guter Technik von zwei Pferden ausschlaggebend. Grundsätzlich gilt auch hier:

Spektakuläres Reiten wird nur dann positiv bewertet, wenn es technisch korrekt ausgeführt wurde.

Wie sieht ein sinnvoller Trainingsaufbau (für die Reining) aus:

Ein paar Minuten Schritt sind der Anfang einer Trainingseinheit. Dann schließt sich die lösende Arbeit im Trab und Galopp an. Man muß erkennen, in welcher Gangart das Pferd besser im Gleichgewicht ist (dies kann man am besten während der Longenarbeit beurteilen). Mit dieser Gangart beginnt man die lösende Arbeit. Manche Pferde lösen sich besser im Trab, andere besser im Galopp.

Danach beginnt das eigentliche Training. Zuerst vergegenwärtige man sich, welche Übungen für das Pferd besonders kraftaufwendig sind.

Diese sollte man möglichst am Anfang einer Arbeitseinheit (nach der lösenden Arbeit) trainieren, wenn das Pferd noch Kraftreserven hat.

Es sind dies z.B. das Spin-Training auf Schnelligkeit mit Pferden, die die Technik des Spins grundsätzlich können. (Bei Pferden, die zum Springen beim Spin neigen, wird jedoch das Spin-Training mehr ans Ende verschoben, damit die Pferde gelöster sind und keine überschüssige Kraft mehr haben.)

Spezielle Eigenarten des Pferdes bestimmen den Trainingsaufbau.

Oder die stark biegenden und versammelnden Übungen: Schenkelweichen, Travers, Rückwärtsrichten und gebogenes Rückwärtsrichten auf dem Zirkel.

Manche Pferde haben auch mit speziellen Übungen aufgrund ihres Exterieurs oder ihrer Nerven Probleme (die bei jedem Pferd anders aussehen). Solche ungeliebten Übungen sollten nicht ganz an den Schluß geschoben werden, sondern nach der Aufwärmphase in Angriff genommen werden.

Die Speed-Control sollte eher am Ende geübt werden, wenn das Pferd schon nicht mehr

»vor Kraft platzt« und von sich aus zu viel vorwärts will. Mit diesem Timing vermeidet man, daß der Reiter beim Zurücknehmen des Tempos am Zügel ziehen muß.

Den Schluß sollten angenehme Übungen für das Pferd bilden, um mit einem zufriedenen Pferd und einer gelungenen Übung aufhören zu können.

Wann soll der Spin trainiert werden?

Mit jungen Pferden (im Schritt und Trab) eher am Ende einer Trainingseinheit, um zu verhindern, daß sie beim Überkreuzen der Vorderbeine ins Springen kommen.

Beim Entwickeln der Schnelligkeit: (Mit Pferden, die die Technik beherrschen) eher am Anfang einer Trainingseinheit, wenn sie noch frisch sind und genügend Kraft für diese anstrengende Übung haben.

Ein Spin nach rechts.

Wie soll die Bewegung des Pferdes im Spin aussehen?

Das Pferd soll trabartig um sein inneres Hinterbein herumlaufen. Es soll nicht (wie es früher auch erlaubt war) in Form einer Galopp-Pirouette um die Hinterhand herumspringen. Die trabartige Bewegung ist viel eleganter und das Pferd kann sich sehr viel rasanter drehen, als in der Galoppbewegung.

Wie soll die richtige Hals- und Kopfhaltung des Pferdes im Spin aussehen?

Das Pferd soll Hals und Kopf tief halten. Das ganze Pferd - und somit auch der Hals - soll weitgehend gerade sein. Bei zu starker Biegung im Hals oder einem zu starken Abstellen im Kopfbereich

93

Bewegungsphasen im Spin.

Der Reiter sitzt ruhig im Schwerpunkt.

besteht die Gefahr, daß das Pferd mit der Hinterhand ausweicht. Richtet man das Pferd zu stark auf, so besteht die Möglichkeit, daß es den Spin springt statt läuft.

Wie sieht das Grundsatztraining für den Spin aus?

Das Pferd soll beim Spin unter das Gewicht des Reiters laufen.

Es wandert mit überkreuzenden Vorderbeinen in die Wendung hinein. Das äußere Vorderbein muß dabei das innere nach vorne überkreuzen.

Das innere Vorderbein wird nach hinten und zur Seite gesetzt. Das ist wichtig, damit das Pferd schneller und eleganter drehen kann. Setzt das Pferd das innere Vorderbein nur zur Seite, so braucht es vielleicht 8 - 10 Seitwärtstritte für eine 360°-Wendung und neigt zusätzlich dazu, etwas nach vorne aus der Wendung herauszudriften, weil das äußere Vorderbein einen sehr weiten Bogen beschreiben muß (das Pferd wird gestreckt und verliert die Hinterhand). Setzt es seitlich und nach

hinten, so kommt es mit 4 - 6 Tritten aus und kann leichter hinten stehenbleiben. (Es wird dabei kürzer und hat die Hinterhand besser unter sich.)

Im Training muß die Vorwärtstendenz erhalten bleiben. Die Hinterhand darf in der Anfangsphase einen kleinen Kreis beschreiben. Das innere Hinterbein muß noch nicht fest stehenbleiben.

Die Vorarbeiten für das Spin-Training bestehen aus einfachen 180°-Wendungen aus dem Schritt (siehe Grafik rechts). Der Reiter sucht sich eine Linie, auf der er geradeaus reitet. Am Ende der Linie wendet er das Pferd um 180° auf der Hinterhand und reitet schnurgerade zurück, wendet wieder um 180° usw. (das Pferd muß dabei noch nicht sauber auf der Hinterhand stehen bleiben). Wichtig ist:

Das Pferd geht immer genau dahin zurück, woher es gekommen ist (und auf der gleichen Linie). Es wird nach einiger Zeit von selbst das innere Vorderbein zur Seite und **zurück** setzen (wie es später in der Spin-Technik sein soll), weil es weiß: es geht in die entgegengesetzte Richtung. Die gedachte Linie (am besten die Mittellinie) sollte bei der Arbeit nicht verlassen werden.

Das Pferd spreizt die Vorderbeine weit auseinander.

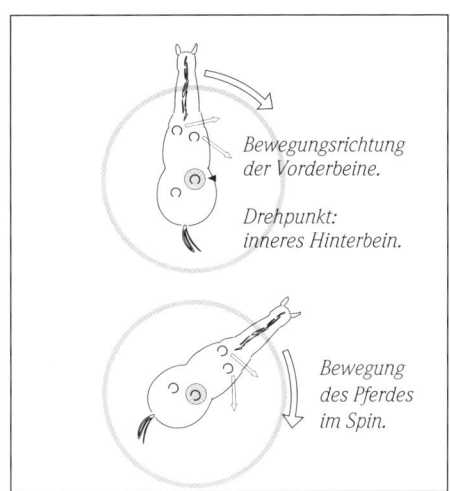

Bewegungsrichtung der Vorderbeine.

Drehpunkt: inneres Hinterbein.

Bewegung des Pferdes im Spin.

Das Pferd wartet schließlich darauf drehen zu dürfen. Es leitet am Ende der Linie die Drehung selbständig ein. Es will von sich aus drehen.

Die Anforderungen im Spin dürfen nur sehr langsam gesteigert werden.

Im Anschluß an die einfachen 180°-Wendungen (wenn das Pferd diese wirklich begriffen hat - etwa nach 1 Woche) reitet man am Ende einer Linie drei 180°-Wendungen hintereinander mit einer kurzen Pause jeweils dazwischen.
Nachdem das Pferd die 180°-Wendungen begriffen hat, verkürzt man immer wieder einmal die gerade Linie zwischen den einzelnen Wendungen. Die Linie wird immer weiter - bis auf 0 - verkürzt; der Reiter reitet also zum Schluß mehrere Wendungen ohne Pause hintereinander. Die Wendungen werden zuerst immer in eine Richtung ausgeführt - also erst eine Weile immer nur nach rechts, danach immer nur nach links. Damit festigt man den Bewegungsablauf besser, als wenn die Richtung der Wendung dauernd gewechselt würde.

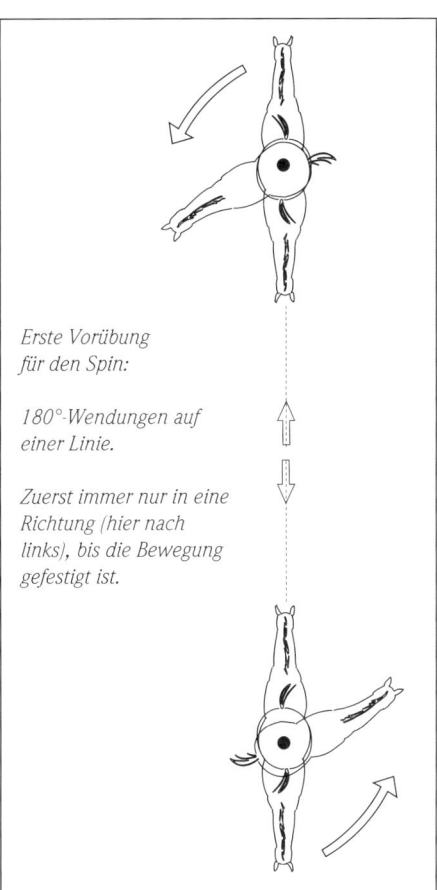

Erste Vorübung für den Spin:

180°-Wendungen auf einer Linie.

Zuerst immer nur in eine Richtung (hier nach links), bis die Bewegung gefestigt ist.

Erst nach den 180°-Wendungen wird dem Pferd die Technik des Spins im Schritt, später im Trab aus der Zirkelarbeit vermittelt.

Der Reiter reitet einen kleinen Zirkel und sitzt dabei deutlich nach innen. Er tritt den inneren Steigbügel mit viel Druck aus.

Den Spin aus der Zirkelarbeit entwickeln

A. Das Pferd folgt der Gewichtsverlagerung nach innen (links) und verkleinert den Zirkel. Bei Bedarf wird der rechte Schenkel eingesetzt.

B. Der äußere Zügel blockiert die Vorwärtsbewegung und das Pferd fängt an, zu drehen.

C. Nach einigen Tritten Drehung seitwärtsvorwärts im Bogen aus der Hinterhandwendung herausreiten.

Das Pferd sollte auf die Gewichtsverlagerung reagieren und mit der gesamten Vorhand in die Wendung hineinwandern. Der Hals ist dabei weitgehend gerade.

Der äußere Schenkel wird nur dann eingesetzt, wenn das Pferd nicht weitergeht. Er ist nicht dauernd am Pferd, sondern klopft bei Bedarf, wenn das Pferd klemmt und deswegen dem Reitergewicht nicht folgt. (Nur ein lockeres Pferd reagiert auf Gewicht - ein Pferd, welches sich festmacht, kann nicht auf das Reitergewicht reagieren. Es wehrt sich gegen das Gewicht und lehnt sich dagegen, d.h. zur anderen Seite.)

Der Kopf des Pferdes soll tief bleiben. Der Reiter erreicht dies durch sehr tiefe Hände, die er weit seitlich vom Pferdehals stehen läßt.

Der innere Zügel wird nur kurz für eine leichte Stellung des Pferdes benutzt. Er steht nur leicht an. (Nur beim jungen Pferd wird eine durchgehende seitliche Führung mit dem inneren Zügel gebraucht.)

Der Zügel ist im Spin weitgehend Korrekturinstrument. Er wird beim fertig ausgebildeten Pferd unwichtig.

Je selbständiger das Pferd dreht, um so loser ist der innere Zügel. Mit dem inneren Zügel wird dann nur noch korrigiert, wenn das Pferd den Kopf zu weit nach außen stellt.

Der Reiter darf nie versuchen, das Pferd nur mit dem inneren Zügel in die Wendung hineinzuziehen. Damit verbiegt er das Pferd zu stark im Hals, und die Hinterhand driftet deswegen nach außen weg. Zudem behindert der zu stark aus der Schulter nach innen gestellte Hals (bei tiefer Kopfhaltung) den freien Raumgriff der inneren Schulter (siehe auch

Grundlagen). Es ist vielmehr der äußere Zügel, der hin und wieder etwas deutlicher angenommen wird. Er soll dann stärker angenommen werden und gegenhalten, wenn das Pferd nach vorne weglaufen will oder den Hals von sich aus zu stark nach innen verbiegt. Er soll jedoch nicht dauernd angenommen werden und auch nicht dauernd am Hals des Pferdes als Druckzügel anliegen, denn das Pferd soll lernen, hauptsächlich auf Gewichtshilfen zu drehen und nicht auf Zügelhilfen. (Der äußere Zügel dient beim ausgebildeten Pferd dazu, es im Spin auf das innere Hinterbein zu bringen.)

Anfangs reicht es, wenn das Pferd jeweils ein paar Tritte vorne überkreuzt. Dann läßt man das Pferd mit 2 - 3 Schritten Seitwärtsrichten aus der Wendung herauslaufen. Dabei sollte die Hinterhand führen. Die Übung wiederholt man ein paarmal. **Wichtig ist, das Pferd in der Grundsatzarbeit nicht zu überfordern. Anzahl der Tritte in der Drehung und Tempo dürfen nicht zu schnell gesteigert werden.** Einmal zuviel gedreht in der Anfangsphase und das Pferd blockiert die Drehung, was nur sehr schwer wieder zu korrigieren ist.

Wie kann ich kontrollieren, ob ich den Spin richtig trainiere?

Nach einiger Zeit Grundsatztraining sollte das Pferd von allein drehen wollen, sobald Druck in den inneren Steigbügel kommt. Wenn die Drehung stimmt, kann der Reiter ruhig im Schwerpunkt der Drehung sitzen und wird im Sattel nach keiner Seite »versetzt«.

Was tue ich, wenn das Pferd das innere Vorderbein beim Spin nicht genug nach hinten setzt?

Schritt- und Trabzirkel in Außenstellung verbessern die Beweglichkeit des Pferdes in der Schulter und Beintechnik (siehe auch Schulterkontrolle).

oben: Ein junges Pferd wird langsam auf den Spin vorbereitet.
unten: Die Zügel werden beim ausgebildeten Pferd unwichtig.

Das Pferd läßt die Hinterhand im Spin nicht stehen. Korrektur durch Heraustreiben der Hinterhand (Methode 2). Oben: Hinterhand heraustreiben. Mitte: neuen Spin ansetzen. Unten: ein paar Tritte drehen.

Das Pferd kann in leichter Außenstellung gedreht werden (wenn es die Zirkelarbeit in Außenstellung beherrscht).

Wendungen von 90°, 120°, 180° etc. können auch aus dem Rückwärtsrichten entwickelt werden: Der Reiter reitet Schritt, hält an, richtet 1 oder 2 Tritte rückwärts und leitet dann erst die Wendung ein. Das Pferd ist dabei leicht nach innen gestellt. Der Arm des Reiters ist gestreckt und führt in einem Bogen zur Seite und nach hinten.

Was tue ich, wenn das Pferd beim Spin mit der Hinterhand nach außen wegläuft?

1. Methode: Das Pferd wird seitwärts gerichtet. Aus der Seitwärtsbewegung setzt der Reiter die Drehung an, dreht ein paar Tritte und richtet aus der Drehung sofort wieder 2 - 3 Schritte seitwärts. Die Hinterhand soll dabei führen.
Diese Methode ist die beste und sicherste für die meisten Reiter, denn diese Korrektur kann nicht falsch ausgeführt werden und damit den Fehler verschlimmern, wie es bei Methode 2 und 3 möglich ist.

2. Methode: Wenn das Pferd versucht, mit der Hinterhand nach außen wegzudriften, so kann der Reiter als Korrekturmaßnahme sehr enge Wendungen im Schritt und Trab reiten, das Pferd dabei im Hals stark nach innen »ver«biegen und die Hinterhand mit dem inneren Schenkel nach außen drücken, so daß es die Hinterbeine schenkelweichenartig überkreuzen muß.
Dem Pferd soll es damit so unangenehm werden, die Hinterhand nach außen zu stellen, daß es später beim erneuten Spin-Training von allein mit der Hinterhand

innen bleibt. (Durch das übertriebene Schenkelweichen fängt das Pferd an, gegen den inneren Schenkel zu drücken und drückt damit seine Hinterhand nach innen, wie für den Spin gewünscht.)

An diese Korrektur sollte dann auch jeweils sofort ein erneutes Spin-Training anschließen. Stellt das Pferd die Hinterhand wieder heraus, so folgt eine erneute

---

Bei der Korrektur ist es sehr wichtig, im richtigen Moment aufzuhören.

Korrektur durch extremes Heraustreiben der Hinterhand. Und so weiter...

Diese Methode ist jedoch nur für fortgeschrittene Reiter geeignet, da die Korrektur immer sofort erfolgen muß, wenn das Pferd mit der Hinterhand wegläuft. Korrigiert der Reiter zu spät, so versteht das Pferd die Korrektur nicht - und der Hinterhand-Fehler wird damit verschlimmert.

3. Methode: Das Pferd wird aufgenommen (beide Zügel ein wenig annehmen). Der äußere Schenkel treibt die Hinterhand traversartig (bei nach innen in Richtung der Wendung gestelltem und gebogenem Pferd) herein.

Da die Traversbewegung dem Pferd Schwierigkeiten bereitet, wird es sofort, wenn der Schenkel des Reiters die Hinterhand nicht mehr nach innen drückt, wieder mit der Hinterhand nach außen driften. Der Reiter läßt nun den Schenkeldruck außen weg und führt die innere Hand deutlich zur Seite - biegt also das Pferd noch stärker in die Wendung herein. Die Hinterhand schwingt deswegen noch mehr heraus. Das Pferd kreiselt fast um die Vorhand herum. Er läßt es so kreiseln (eine Bewegung, die dem Pferd nicht besonders angenehm ist - siehe auch

Methode 2) und wartet darauf, daß es einmal richtig vorne überkreuzt und die Hinterhand stehenläßt. Mit dieser einen richtigen Bewegung hört er sofort auf und läßt das Pferd in Ruhe. Das Pferd verbindet die richtige Verhaltensweise mit dem belohnenden »In-Ruhe-gelassen-werden« und merkt sich, daß das unangenehme Kreiseln aufhört, wenn es die Hinterhand stehen läßt.

Beim nächsten Mal wird es schneller die gewünschte Verhaltensweise zeigen.

Verpaßt der Reiter den Punkt, an dem das Pferd richtig reagiert, so ist diese Methode wertlos und sogar schädlich, weil das Pferd damit nur völlig verunsichert wird und sich womöglich das Kreiseln um die Vorhand erst richtig angewöhnt.

(Auch diese Methode empfiehlt sich deswegen nur für weit fortgeschrittene Reiter.)

Was tue ich, wenn das Pferd den Kopf im Spin hochdrückt?

Priorität hat es in diesem Fall erst einmal, den Kopf des Pferdes wieder herunterzubringen. Reißt das Pferd den Kopf nämlich hoch, so blockiert es damit die freie Bewegung der Schulter, die für den gelaufenen Spin extrem wichtig ist. Das Pferd fängt dann an, den Spin zu springen.

Der Reiter führt zur Korrektur den inneren Zügel vermehrt nach unten und zur Seite, bis das Pferd in Hals und Ganaschen und schließlich in der Längsachse nachgibt (die Hinterhand wird dabei vernachlässigt). Beim ersten Anzeichen, daß das Pferd nachgibt, läßt er den inneren Zügel los. **Er korrigiert die Kopfhaltung des Pferdes**

über die Biegung, denn ein gebogenes Pferd kann den Kopf nicht hochnehmen.

Verpaßt der Reiter jedoch das Nachgeben, wenn das Pferd nachgibt, so ist diese Korrektur sinnlos und verwirrt das Pferd, weil es dann nicht weiß, was der Reiter eigentlich von ihm will. Es fehlt ihm die Belohnung des »In-Ruhe-gelassen-werden«, die ihm die Richtigkeit seiner Reaktion anzeigen würde.

Als **deutlichere Korrektur** für widersetzliche oder verdorbene Pferde kann der Reiter härtere Paraden geben.

Dazu stellt er eine Hand (innere oder äußere) fest hin und nimmt den Zügel auf dieser Seite an; am anderen Zügel zupft er, um das Pferd zum Nachgeben zu bringen. Wenn es sich weiter gegen das Nachgeben wehrt, so läßt er es mit feststehender, hoher Hand rückwärts gehen (egal, ob schief oder gerade - das spielt bei dieser Korrekturmaßnahme keine Rolle). Die Reiterhand gibt dann nach, wenn das Pferd im Genick nachgegeben hat.

Will man solche härteren Paraden geben, so muß man sich völlig sicher sein, daß das Pferd wirklich widersetzlich ist und sehr genau weiß, was der Reiter eigentlich von ihm will und dies auch ausführen kann.

Wenn das Pferd den Reiter einfach nicht versteht oder für die geforderte Übung ungenügend gymnastiziert ist, zerstört eine (dann ungerechte) Strafe das Vertrauen des Pferdes und kann erst recht Widerstand provozieren. Bei langsamem und vernünftigem Trainingsaufbau und richtiger Gymnastizierung des Pferdes sind härtere Korrekturmaßnahmen nicht erforderlich.

Hat das Pferd die Nase wieder tief, so kann erneut das Spin-Training anschließen.

Was tue ich, wenn das Pferd nach vorne aus dem Spin herauslaufen will?

In diesem Fall kann der äußere Zügel etwas angenommen werden, um das Pferd auf der Hinterhand zu halten (die Vorwärtstendenz zu begrenzen). Der innere Zügel wird weit seitlich herausgenommen (und tief gehalten) und führt das Pferd wieder in die Wendung. Zusätzlich kann das Pferd traversartig (in Richtung der Wendung) korrigiert werden. Dazu drückt der Reiter die Hinterhand mit dem äußeren Schenkel herein, stellt das Pferd stärker nach innen und läßt es einige Tritte seitwärts gehen. Bei jungen Pferden reicht ein gerades Seitwärtsgehen, wenn sie Travers noch nicht können.

Auch ein Rückwärtsrichten an den Punkt, von dem aus das Pferd nach vorn weggelaufen ist, ist eine sinnvolle Korrektur.

Was kann ich tun, wenn das Pferd sich beim Spin gegen das Röhrbein schlägt?

Das Pferd arbeitet zuviel auf der Hinterhand und tritt nicht willig mit dem inneren Vorderbein seitlich und nach hinten. Das innere Bein ist zu langsam, das äußere Bein, welches überkreuzen soll, zu schnell - und trifft deswegen das innere Bein. Es fehlt prinzipiell etwas Vorwärtstendenz.

Pferde, die sich zu stark setzen, dürfen keine Möglichkeit bekommen, sich festzuklemmen und auf der Hinterhand zusammenzuziehen, weil sie dann das äußere Vorderbein nicht genügend im Bogen herumführen können - und sich gegen das innere Vorderbein schlagen.

Solche Pferde arbeitet man stärker gebogen beim Spin-Training. Der Spin wird aus der vermehrten Biegearbeit auf dem Zirkel durch Annehmen des äußeren Zügels eingeleitet. Der in die Wendung führende innere Zügel kann dabei längere Zeit angenommen und Hals und Kopf des Pferdes sehr stark in die Wendung hineingestellt werden.

Dabei macht es erst einmal nichts, wenn das Pferd dabei mit der Hinterhand auch einen kleinen Kreis beschreibt. Wichtig ist allein die Erhaltung der leichten Vorwärtstendenz.

Wie entwickle ich mehr Schnelligkeit im Spin?

Den Speed im Spin sollte man erst dann versuchen zu entwickeln, wenn das Pferd leicht und ohne zu stocken im langsamen Tempo drehen kann und den Reiter nicht nach einer Seite »versetzt«.

1. Mit einem Zungenschnalzen fordert man das Pferd zu mehr Tempo auf.
2. Als Verstärkung der Stimmhilfe kommt der äußere Schenkel mit kurzem Druck zum Einsatz.
3. Reagiert das Pferd auf diese ersten beiden Aufforderungen nicht, so klopft der äußere Schenkel drohend oder der Sporen piekt einmal kurz. Zudem werden beide Hände seitlich über den Mähnenkamm nach innen versetzt. Damit wird der äußere Zügel verstärkt angenommen, um das Pferd vermehrt auf die Hinterhand zu setzen (bei gezieltem Einsatz der Hilfe wird das innere Hinterbein damit auf der Stelle fixiert). Gleichzeitig wirkt der innere Zügel mehr oder weniger stark seitlich (je nach Bedarf).

Oben: Das Pferd überkreuzt zu eng - es besteht die Gefahr, daß es sich gegen das Röhrbein schlägt.
Mitte: Es wird mit starker Innenstellung gedreht...
Unten: ...und ohne Unterbrechung aus der Wendung seitwärts gerichtet.

101

Bei zu starkem Klopfen mit dem Schenkel passiert es häufig, daß das Pferd nicht mehr positioniert ist, also mit der Hinterhand wegspringt.

Um weiterzuarbeiten, muß dann erst die Hinterhand wieder positioniert werden (siehe Korrektur des Weglaufens der Hinterhand).

Sobald das Pferd beim Training im Spin zulegt und schnell wird, soll der Reiter mit dem Drehen aufhören.

Das Pferd weiß dann: Fordert mich der Reiter zu mehr Geschwindigkeit auf und ich folge der Aufforderung, so darf ich aufhören. Das Aufhören ist Belohnung für das Pferd. Es wird, wenn der Reiter immer früh genug mit dem Drehen aufhört, im Verlauf des weiteren Spin-Trainings folgern: mehr Geschwindigkeit = früher aufhören dürfen. Und deswegen wird es von sich aus mehr Geschwindigkeit entwickeln.

Wie vermeide ich ein Überdrehen des Pferdes im schnellen Spin?

Wichtig ist, den Spin auch in der Prüfung langsam zu beginnen und das Tempo allmählich zu steigern. Man muß dem Pferd Zeit geben, sich zu positionieren und dann erst mehr Tempo verlangen.

Der Reiter muß sich und das Pferd eine drittel bis eine halbe Drehung vor beabsichtigtem Ende des Spins vorbereiten und das Anhalten einleiten.

Bei zwei geforderten Spins z.B. kehrt er nach eineinhalb Drehungen die Hilfen für den Spin minimal um. Er legt also den inneren (innen ist die Seite, nach der das Pferd dreht - und gestellt ist) Zügel an den

Hals des Pferdes und die innere Wade an die Seite des Pferdes. Liegt der äußere Schenkel am Pferd, wird er in diesem Moment weggenommen. Bei einem Pferd, welches sehr schnell dreht, kann der äußere Steigbügel zusätzlich leicht belastet werden.

Die Hilfengebung für das Ende des Spins soll weich kommen und nicht hektisch und überfallartig. Gegen Ende der letzten Drehung des Spins dreht der Reiter seinen Kopf um etwa 90° in Richtung der Wendung. Damit sieht er den Endpunkt seiner Wendung genau eine Vierteldrehung vorher und kann rechtzeitig gegensteuern.

Leitet der Reiter das Ende der Drehung bei einem schnellen Pferd erst ein, wenn der Endpunkt erreicht ist, so dreht das Pferd meist noch etwa 30 bis 90° weiter, denn das Pferd braucht auch noch einen Augenblick Zeit zum Reagieren (= Anhalten).

Bei faulen Pferden hört man etwas später mit den Hilfen für den Spin auf und steuert etwas später gegen, denn diese warten nur darauf, daß sie aufhören können: Die Hilfe zum Aufhören wird also schneller durchdringen als bei eifrigen Pferden.

Wie kann der Reiter korrigieren, wenn das Pferd im Spin auf dem äußeren Hinterfuß dreht?

Der Reiter muß genau spüren, auf welchem Fuß das Pferd gerade dreht, um es wirkungsvoll korrigieren zu können.

Ist er sich nicht sicher, ob das Pferd im Spin vielleicht doch hin und wieder auf dem äußeren Hinterbein dreht, so schaue er herunter.

Immer, wenn das Pferd einige Tritte im Spin richtig auf dem inneren Hinterfuß gestanden hat, wird es angehalten und eine Weile in Ruhe gelassen (mit dem in-Ruhe-lassen lobt es der Reiter).

Dreht das Pferd auf dem äußeren Hinterbein, so dreht der Reiter es 180° und schiebt es aus der Drehbewegung 2 - 3 Tritte seitwärts. **Dabei soll die Hinterhand in Bewegungsrichtung führen.**

Aus der Seitwärtsbewegung dreht er wieder 180°. Das kann mehrmals wiederholt werden. Das Pferd bewegt dabei seine Hinterhand immer wieder in Bewegungsrichtung und lernt damit, sein inneres Hinterbein immer wieder zu belasten.

Auch das Reiten des Spins in Außenstellung setzt das Pferd aufs innere Hinterbein. Je stärker der äußere Zügel angenommen wird (bei korrekter Gewichtsverlagerung des Reiters in Richtung der Wendung), desto mehr belastet das Pferd das innere Hinterbein, sofern es prinzipiell (vom Bewegungsablauf) das Drehen gelernt und verstanden hat.

Wie sieht die Hilfengebung für den Roll back aus?

Den Roll back soll das fertig ausgebildete Pferd auf Anlegen des äußeren Zügels und des äußeren Schenkels springen. Es soll dabei in seiner Längsachse gerade sein.

Maßgebend für die gerade Längsachse ist der Körper des Pferdes (der Rumpf bestehend aus Vor- und Hinterhand), die Stellung von Hals und Kopf des Pferdes dient als zusätzliche Hilfe bei der Korrektur der Übung - siehe folgende Abschnitte.

Eine leichte Innenstellung von Kopf und Hals ist optisch wünschenswert, wird jedoch nicht forciert. Ob ein Pferd - wenn es die Übung beherrscht - den Roll back

mit weniger oder mehr Innenstellung springt, hängt von seinen körperlichen Möglichkeiten ab.

Der innere Zügel darf auf jeden Fall nur andeutungsweise angenommen werden, um dem Pferd die Richtung zu zeigen. Wird zuviel innerer Zügel benutzt, so

---

Im Roll back soll das Pferd in seiner Längsachse gerade sein.

überbiegt sich das Pferd, bekommt die äußere Schulter frei, macht die innere Schulter fest, kommt nicht flüssig aus der Wendung heraus und verliert die Hinterhand (d.h. tritt seitlich weg). Es setzt dann meist im Verlauf der 180°-Wendung die Vorderbeine auf, und die Wendung wird zur Minivolte.

Der äußere Schenkel unterstützt die Dre-

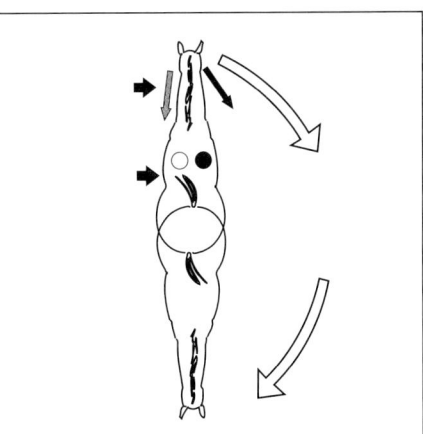

Bewegung und Hilfen im Roll back

Beispiel Roll back rechts:
Der linke Schenkel gibt Druck. Der linke Zügel wird an den Hals angelegt und bei Bedarf mehr oder weniger stark angenommen.
Der Reiter tritt den rechten Steigbügel aus und nimmt den rechten Zügel, wenn nötig nach rechts herausführend etwas an.

hung durch verstärkten Druck (evtl. leichten Sporeneinsatz), wenn das Pferd auf Anlegen des Schenkels noch nicht reagiert. Außerdem verhindert er ein Ausweichen der Hinterhand nach der Seite.

Das Gewicht des Reiters wird in Richtung der beabsichtigten Drehung verlagert, jedoch nur für die erste seitliche Bewegung des Pferdekörpers (das »Anspringen« des Roll backs). Danach dreht der Reiter nur mit der Hüfte den Roll back mit. **Er schiebt dabei seine innere Hüfte und damit seine innere Schulter seitlich in die Wendung hinein.** Dreht der Reiter z.B. nach rechts, so bewegt er seine rechte Hüfte nach rechts in die Bewegungsrichtung.

Der Reiter dreht den Roll back mit der Hüfte mit.

Wichtig ist, daß das Pferd von sich aus dreht. Der Reiter soll nicht versuchen, sich schneller in die Wendung zu drehen als das Pferd sich hineindreht. Tut er dies doch, so drückt er dabei den rechten (inneren) Oberschenkel ans Pferd und damit die Hinterhand nach links weg.

Wie kann ich das Pferd am besten auf Roll backs vorbereiten?

Häufiges Angaloppieren aus dem Rückwärtsrichten kräftigt die Hinterhand des Pferdes und entwickelt die Sprungkraft, die für den Roll back notwendig ist.

Später verkürzt man die Galoppreprisen auf wenige Galoppsprünge - hält an, richtet rückwärts und galoppiert erneut an. Damit setzt man das Pferd extrem stark

auf die Hinterhand. Diese Übung sollte jedoch anfangs nicht übertrieben oft hintereinander ausgeführt werden, um das Pferd nicht zu überfordern (bis zu 6 x hintereinander: 3 mal rechts und 3 mal links angaloppieren aus dem Rückwärtsrichten). Auch sollte die Rückwärtsbewegung nicht überreizt werden, um die Pferde nicht sauer zu machen: 2 - 3 Tritte reichen, um die Hinterhand unter das Pferd zu bringen.

Das Rückwärtsrichten muß jedoch mit deutlich untergesetzter Hinterhand erfolgen (siehe auch richtiges Rückwärtsrichten). Ein Rückwärtskriechen des Pferdes mit fester Schulter und womöglich schief herausgestellter Hinterhand bringt keinen Nutzen.

Anfangs sollte der Reiter den Roll back zum Zaun hin trainieren, um dem Pferd das Herauslaufen aus der Bewegung zu erschweren. Ist der Bewegungsablauf gefestigt, sollte ohne Zaun trainiert werden.

Für den eigentlichen Roll back soll sich der Reiter Zeit nehmen. Der sauber gesprungene 180° Roll back ist nicht an einem einzigen Tag zu entwickeln - auch wenn das Pferd alle Vorübungen perfekt beherrscht. Anfangs kann man sich z.B. mit 100° zufriedengeben - solange diese Wendung locker und flüssig gesprungen wird -, an den folgenden Tagen kann dann langsam gesteigert werden.

Was tue ich, wenn das Pferd im Roll back stockt bzw. mit der Hinterhand ausweicht?

Wenn das Pferd stockt, d.h. die Vorderbeine innerhalb der gesprungenen Wendung aufsetzt, dann hat der Reiter den Dreh-

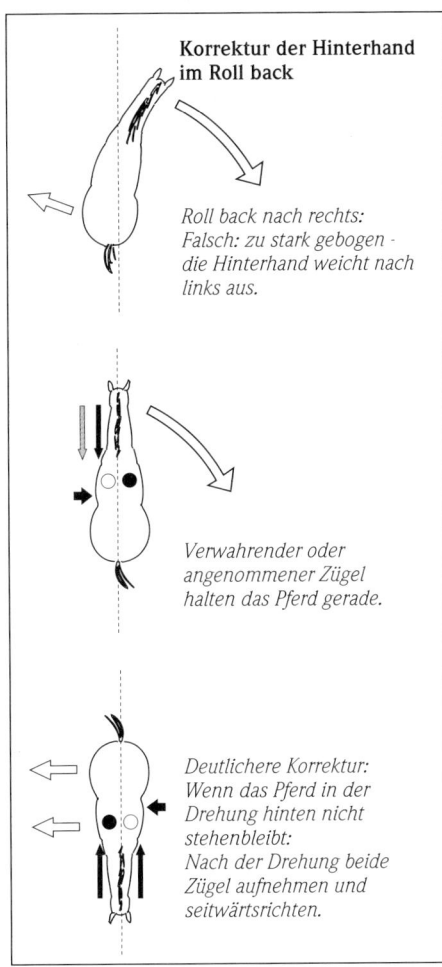

Korrektur der Hinterhand im Roll back

*Roll back nach rechts:
Falsch: zu stark gebogen -
die Hinterhand weicht nach
links aus.*

*Verwahrender oder
angenommener Zügel
halten das Pferd gerade.*

*Deutlichere Korrektur:
Wenn das Pferd in der
Drehung hinten nicht
stehenbleibt:
Nach der Drehung beide
Zügel aufnehmen und
seitwärtsrichten.*

punkt Hinterhand nicht genug fixiert.
Das Pferd muß auf jeden Fall gerade gehalten werden, um die Hinterhand zu fixieren. Dazu wird der äußere Zügel so viel angenommen, wie es nötig ist, um die Längsachse des Pferdes (Vor- und Hinterhand) gerade zu halten. Er hält leichten Kontakt zum Maul des Pferdes und liegt an der äußeren Halsseite des Pferdes an, soll jedoch unter normalen Umständen nicht rückwärts wirken.
Er kann allerdings dann rückwärts einwirken, wenn das Pferd den Hals zu

stark in die Wendung hineinstellen will, deswegen im Körper nicht gerade bleibt und die äußere Schulter frei bekommt. Hat es die äußere Schulter frei, so kann es sich der Drehung auf der Hinterhand seitlich entziehen. Wenn der Reiter z.B. das Pferd nach rechts drehen will, läuft die Hinterhand nach links weg, wenn das Pferd nicht in der Längsachse gerade ist. Der rückwärts wirkende äußere Zügel hält das Pferd dann auf der Hinterhand und verhindert, daß der Roll back zur Minivolte wird.
Eine Außenstellung des Pferdes, wenn der äußere Zügel rückwärts wirkt, kann im Training und in der Korrektur in Kauf genommen werden. Erst, wenn das Pferd gelernt hat, seinen Körper gerade zu halten, kann es wieder leicht nach innen gestellt werden, was den Roll back optisch harmonischer macht.

Wenn das Pferd trotz Außenstellung immer noch nicht auf der Hinterhand steht, beendet der Reiter die falsche Drehung, nimmt für eine weitergehende Korrektur **beide** Zügel deutlich auf, hält das Pferd in Hals und Körper ganz gerade und drückt es (Vor- und Hinterhand) mit dem verstärktem Einsatz des äußeren Schenkels ein paar Schritte seitwärts (reine Seitwärtsbewegung).
Danach wiederholt er die Übung des Roll backs.

Um in der **Prüfung** auch ganz sicher die 180°-Wendung zu erhalten (ohne daß das Pferd nach 150° absetzt und sich dann irgendwie in die Gegengerade schwindelt), kann der Reiter im Training 200° fordern. Er überdreht also das Pferd ein wenig.
Auf jeden Fall müssen die Vorderbeine des Pferdes 180° gedreht haben; hat das Pferd nur Hals und Kopf um 180° gedreht, so

Roll back: Das Pferd ist in der Längsachse gerade und arbeitet gut auf der Hinterhand.

stehen die Beine womöglich noch bei 160°, wenn das Pferd den Hals stark in die Wendung hereingestellt hat. Das gerade Weiterreiten aus dem Roll back in Gegenrichtung wird damit erschwert. Im schlimmsten Fall beginnt das Pferd mit einem Zickzack-Schlenker, bevor es seine Gerade für den anschließenden Run Down findet - und kassiert Minuspunkte.

Wie vermeide ich, daß das Pferd unkontrolliert schnell aus dem Roll back herausgaloppiert?

Es soll (besonders beim noch unerfahrenen Pferd) nicht mit zuviel Druck des äußeren Schenkels bzw. mit Sporeneinsatz gearbeitet werden, um die vollen 180° schneller zu erreichen. Damit macht man die Pferde hektisch. Aus Angst vor dem Sporen fangen sie dann an, aus dem Roll back herauszurennen.

Nach Beendigung des Roll backs kann der Reiter im Training sofort auf den Zirkel gehen. Damit vermeidet er ein »Abschießen« des Pferdes auf der Geraden.

Man kann auch das Pferd mit verstärktem Annehmen des inneren Zügels 180° drehen und danach nicht gleich angaloppieren lassen. Der Reiter läßt es nach der Wendung erst einmal ruhig stehen und gibt nach einer Pause die Galopphilfen.

Mit der Zeit gibt er immer früher die Galopphilfe und setzt immer mehr den äußeren und immer weniger den inneren Zügel ein.

Als beruhigende Hilfe für Pferde, die zum »Abschießen« neigen, kann der Reiter die Stimme einsetzen. Er fängt z.B. nach jedem Roll back an, leise zu summen, wenn das Pferd zulegen will. Mit diesem Summen

hat man auch in der Prüfung ein gutes Kontrollinstrument, weil es vom Richter kaum wahrgenommen wird.

Was tue ich, wenn das Pferd aus dem Roll back heraustraben will, statt zu galoppieren?

Manchmal kommt ein junges Pferd nicht im Galopp aus dem Roll back heraus, sondern trabend. Dann klopft der Reiter mehrmals deutlich mit dem äußeren Schenkel (evtl. auch den Sporn kurz einsetzen). Das führt nun meist erst einmal dazu, daß das Pferd im Trab schneller wird. Nimmt es schließlich den Galopp auf, so ist es - weil es aus dem schnellen Trab in den Galopp hineinrennt - schon recht schnell. Der Reiter korrigiert dies, indem er im Galopp auf den Zirkel abwendet und diesen verkleinert.

Rennt das Pferd unkontrolliert, wird es nach einigen Galoppsprüngen angehalten und rückwärtsgerichtet.

Oft ist das Heraustraben (oder auch das unkontrollierte Herausrennen) aus dem Roll back eine Folge der noch nicht gut genug entwickelten Hinterhandmuskulatur des Pferdes. Das Vorbereitungstraining (erst Angaloppieren üben und dann Hinterhand trainieren) sollte deswegen verstärkt wieder aufgenommen werden (siehe Vorbereitung auf den Roll back und Grundlagen).

Nach dem Roll back sollte der Reiter zudem die ersten beiden Galoppsprünge deutlich durch Vorschieben des Beckens und Schenkeldruck heraustreiben.

Danach - wenn das Pferd seinen Takt gefunden hat - kann er auf das Treiben verzichten und locker in der Bewegung mitschwingen.

Wie kann man das Pferd im Roll back auf das innere Hinterbein setzen?

Man reitet das Pferd mit angenommenem äußeren Zügel in mehr oder weniger starker Außenstellung. Je mehr der äußere Zügel ansteht, desto mehr setzt sich das Pferd aufs innere Hinterbein (innen = in Richtung der Drehung). Das Gewicht des Reiters muß dabei jedoch deutlich in Richtung der Wendung verlagert bleiben (siehe auch Grundlagen: diagonale Hilfengebung/Schenkelkontrolle). Zusätzlich richtet der Reiter noch ein bis zwei weitere Tritte zurück, wenn er den Roll back einleitet. Das Pferd wird dann beim Herumspringen das innere Bein deutlicher untersetzen.

Läßt das Pferd die äußere Schulter hängen und tritt beim Roll back mit der Hinterhand nach vorne weg, so nimmt der Reiter beide Zügel deutlich auf, hält das Pferd in Hals und Körper völlig gerade und drückt es - nach Beendigung der falschen Drehung im Roll back - mit dem äußeren Schenkel ein paar Schritte seitwärts.
Danach wiederholt er den Roll back.

Wie reite ich den Roll back nach dem Sliding Stop?

Nach dem Stop ist die Handpause (siehe Grundlagen) extrem wichtig.
Das Pferd wird sich verkrampfen, wenn der Reiter versucht, den Roll back direkt aus dem Stop heraus zu reiten. Es springt den Roll back dann nicht mehr flüssig oder rennt sogar rückwärts, um sich den undeutlichen Zügelhilfen zu entziehen.
Das Pferd soll sich nach dem Stop ganz kurz

entspannen - der Reiter gibt deswegen mit der (gesenkten) Hand kurz nach. Da das Pferd nach dem Stop sowieso gut mit der Hinterhand unter sich steht, braucht der Reiter nun nach der Handpause das Rückwärtsrichten nur noch anzudeuten (Annehmen des Zügels und leichtes Zurücknehmen des Oberkörpers) und leitet damit den Roll back ein.
Die Lektion Stop + Roll back besteht also grob aus drei Phasen:
1. Phase: Pferd fertig stoppen lassen.
2. Phase: Handpause.
3. Phase: Rückwärtsrichten andeuten und Roll back ausführen.

Was tue ich, wenn das Pferd den Kopf im oder nach dem Roll back hochreißt?

Man pariert sofort durch und richtet rückwärts. Das Pferd soll beim Rückwärtsrichten dem Zügeldruck nachgeben und den Kopf senken. Der Reiter läßt es dabei ruhig etwas gegen die stehende Hand ankämpfen. Er zieht nicht rückwärts, sondern läßt die Hand so stehen, daß sich der Kopf des Pferdes, wenn es schließlich im Genick nachgibt, ganz leicht hinter der Senkrechten befindet (siehe auch entsprechender Abschnitt in den Grundlagen). Dann gibt er nach, macht Pause und wiederholt die Übung »Roll back«

Auf welcher Hand muß das Pferd aus dem Roll back herauskommen?

Es ist nicht vorgeschrieben, auf welchem Fuß das Pferd galoppieren soll, wenn es

Ansatz zum Roll back gegen die Bande.

aus dem Roll back herausspringt. Manche Richter sehen es gerne, wenn das Pferd z.B. im Rechtsgalopp den Roll back ansetzt und im Linksgalopp herauskommt. Prinzi-

---

Die Bewegungsphasen Stop, Roll back und Herausspringen aus dem Roll back müssen flüssig ineinander übergehen.

---

piell reicht es jedoch, wenn das Pferd vor dem Bogen in einer folgenden Ecke in den richtigen Galopp umgesprungen ist. (Für jeden im falschen Galopp - Außen- oder Kreuzgalopp - durchrittenen halben Bogen gibt es einen Minuspunkt.)

Viel wichtiger als der Galopp nach dem Roll back ist die flüssige Bewegung: Stop - Roll back - Herausspringen aus dem Roll back.

Besonders, wenn ein Reiter einen Roll back überdreht hat, wird er öfter im Außengalopp herauskommen, denn er muß ja schließlich genau die Linie wieder treffen, von der aus der Roll back eingeleitet wurde. Er wird also mit dem (im Roll back) inneren Schenkel Druck ausüben müssen, um das Pferd auf diese Linie zurückzudrücken - und landet automatisch im Außengalopp.

Wie unterscheidet sich die Hilfengebung für Spin und Roll back?

Der Spin wird immer aus der Vorwärtsbewegung trainiert, der Roll back dagegen aus der Rückwärtsbewegung.

Bevor der Reiter den Spin ansetzt, reitet er einen Schritt vorwärts-seitwärts, um sicherzustellen, daß das Pferd mit den Vorderbeinen richtig überkreuzen wird (siehe Spin-Training).

Vor dem Roll back richtet er einen Tritt rückwärts, setzt das Pferd dadurch noch einmal auf die Hinterhand. Damit vermeidet er im Normalfall, daß das Pferd, statt der gesprungenen Wendung auf der Hinterhand, eine Mini-Kehrtvolte ausführt.

Auch auf dem Turnier werden diese beiden Unterscheidungsmerkmale eingesetzt, verschliffen mit der eigentlichen Spin- bzw. Roll back-Bewegung, daß der einleitende Schritt nicht mehr wahrnehmbar ist.

Der Roll back wird aus der Rückwärtsbewegung geritten, der Spin aus der Vorwärtsbewegung.

Zwischen Rückwärtsrichten und Springen des Roll backs soll beim ausgebildeten Pferd keine Unterbrechung mehr stattfinden. Das Pferd springt den Roll back direkt aus der Rückwärtsbewegung.

Würde der Reiter dem durch die Rückwärtsbewegung zusammengeschobenen Pferd erst die Möglichkeit geben, sich wieder etwas zu entspannen (wenn er beispielsweise nach dem Rückwärtsrichten Zügel nachgreift oder sonstwie die Bewegung unterbricht), so würde die Sprungkraft für den Roll back darunter leiden.

Beim Spin benutzt das ausgebildete Pferd den ersten Schritt vorwärts zum Andrehen. Auch hier findet keine deutliche Unterbrechung zwischen diesem und den folgenden schnelleren Tritten statt.

Wie sieht die sinnvolle Vorbereitung für den Stop aus?

Der Reiter läßt das Pferd am langen Zügel galoppieren - es kann sein Tempo weitgehend frei wählen, solange es kontrollierbar bleibt. (Das Pferd muß für diese Übung jedoch grundsätzlich in der Lage sein, aus Schritt, Trab und Galopp langsam anzuhalten.) Nach einiger Zeit nimmt er beide Zügel (vorsichtig) auf und baut langsam und stetig Zügeldruck auf. Er bleibt gerade sitzen, wirkt mit der Hand nun leicht rückwärts ein, baut immer mehr Druck auf, bis das Pferd schließlich in Trab, dann in Schritt fällt und zum Schluß anhält. (Oberkörper des Reiters nicht nach hinten geneigt und kein Schenkeldruck. Auf anstehenden Zügel + Schenkeldruck im Galopp soll sich das Pferd zusammenschieben - und nicht in den Trab fallen.) Der Druck bleibt, nachdem das Pferd angehalten hat - und es geht rückwärts. Dabei nimmt der Reiter den Oberkörper dann leicht zurück.

Im Prinzip macht der Reiter bei dieser Übung etwas, was er sonst nicht tun sollte. **Er zieht langsam und stetig am Zügel.** Das Pferd wird während dieser Übung anfangs gegen die Hand kämpfen. Sobald es - beim Rückwärtsrichten- im Genick nachgibt, hört der Zügeldruck auf. (Der Reiter darf jedoch den Punkt, an dem das Pferd nachgibt, auf keinen Fall verpassen und weiterziehen - denn dann lernt

das Pferd überhaupt nichts aus dieser Übung - außer vielleicht, sich auf die Hand zu legen und weiter gegen den Zügel zu kämpfen.) Während das Pferd nun rückwärts geht, sagt der Reiter mehrmals hintereinander »Whoa - whoa - whoa« (= das Stimmsignal, welches er später für den Stop benutzt).

Diese Übung wird mit dem jungen Pferd oft wiederholt (anfangs auf der Geraden, später auch auf dem Zirkel). Mit der Zeit lernt das Pferd, dem Druck des Zügels im Genick nachzugeben (und zwar nicht erst beim Rückwärtsrichten, sondern schon während es den Galopp verlangsamt, in den Trab fällt, usw.). **Es geht bei dieser Übung nicht darum zu stoppen, sondern eine Vorwärtsbewegung in eine Rückwärtsbewegung zu verwandeln und das Pferd zum Nachgeben auf den Zügeldruck zu veranlassen.**

Anfangs braucht der Reiter aus dem Galopp vielleicht 15 m von dem Punkt, an

---

Bei der Vorbereitung zum Stop soll das Pferd lernen, an »Rückwärts« zu denken, wenn es anhält.

---

dem er anfängt, Zügeldruck aufzubauen bis zu dem Punkt, an dem das Pferd rückwärtsgehend nachgibt. Später nur noch 3 m und schließlich stoppt es direkt auf den Zügeldruck, nur um dem Ziehen am Zügel ein Ende zu bereiten, denn es weiß, daß der Druck sich immer mehr aufbaut, je später es reagiert. Auf diese Art und Weise lernen die Pferde, **aus der Vorwärtsbewegung an »Rückwärts« zu denken** und ihre Hinterbeine

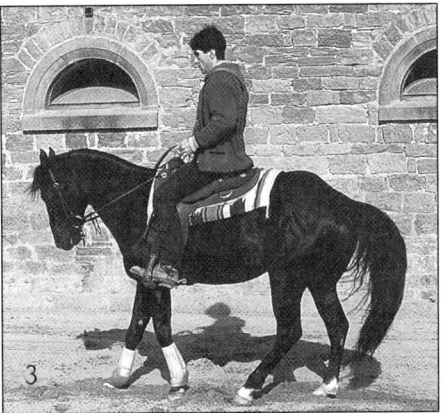

1. Galopp am losen Zügel.   2. Druck aufbauen.
3. Rückwärtsrichten - das Pferd gibt im Genick nach.

4. Nachgeben, und das Pferd zur Belohnung am losen Zügel stehen lassen.

extrem unterzusetzen (wie es später für den Sliding Stop gebraucht wird).

Das Stimmsignal »whoa«, welches der Rei-

Das Pferd muß lernen, beim Anhalten völlig gerade zu bleiben und die Schulter locker zu lassen.

---

ter immer dann mehrmals wiederholt, wenn das Pferd rückwärts geht, verbinden die Pferde nach einiger Zeit mit Anhalten und Rückwärtsgehen.

Verwendet der Reiter das »Whoa« schließlich als Stimmsignal aus dem Galopp, so denkt das Pferd: »es geht rückwärts«, setzt die Hinterhand unter und slidet - der Zügeldruck kann dann entfallen, wenn das Pferd durch genügende Wiederholungen auf das Whoa konditioniert ist.

Damit entwickelt man den langen Sliding Stop am völlig losen Zügel.

In der Prüfung reicht dann mit einem so konditionierten Pferd für einen schönen Stop die Hilfenkombination: Stimme (»Whoa«), tiefes Einsitzen des Reiters bei leicht zurückgenommenem Oberkörper

(Eichhörnchenbuckel) und ein leichtes Anspannen der Oberschenkelmuskeln des Reiters. Kein Anheben der Hand, kein deutliches Zurücknehmen des Oberkörpers, kein Schenkeldruck - nichts, was dem Richter als übertriebene Hilfe auffallen könnte.

Das Pferd soll zudem mit dieser Übung lernen, immer gerade zu bleiben, wenn der Reiter Druck aufbaut (es in den Zügel hineinlaufen läßt).
Wird es beim Rückwärtsrichten schief, so korrigiert der Reiter durch Annehmen des Zügels auf der Seite, nach der das Pferd ausweicht (siehe Grundlagen).

Mit dieser Übung (bei der nie ein harter Stop verlangt wird) **nimmt der Reiter zum einen dem Pferd die Angst vor dem Stoppen. Zum anderen hält er es beweglich in der Schulter.** Fällt es näm-

lich anfangs erst in Trab, so kann es die Vorderbeine nicht in den Boden rammen.
Und außerdem verschafft er sich damit einen »Nothalt« für die Prüfung, wenn das Pferd einmal auf ein »Whoa« am losen Zügel nicht gleich reagiert. Nimmt er dann den Zügel auf, so stoppt das Pferd auch (und nimmt zudem die Nase tief, weil es gelernt hat, dem Druck nachzugeben).

Beim ausgebildeten Pferd genügt ein leichtes Zusammenfallen im Oberkörper, ein leichtes Anspannen der Oberschenkel und die Stimmhilfe für den Stop.

Muß der Reiter den Zügel für den Stop aufnehmen, gibt es zwar keine Pluspunkte, aber der Reiter vermeidet zumindest Minuspunkte für einen nicht ausgeführten Stop.

Aufrechter Sitz.

Die Hilfe für den Stop: abgekipptes Becken.

Wie soll die Gewichtshilfe des Reiters für den Sliding Stop aussehen?

Der Reiter fällt praktisch im Sattel in sich zusammen. Er macht einen Buckel und schiebt das Becken vor. Der Bereich zwischen Becken und Brustkorb wird eingezogen, so daß sich die Rippen den Beckenknochen annähern. **Dabei atmet der Reiter deutlich aus** (bei der Stimmhilfe »Whoa«), um dieses Zusammenfallen zu begünstigen. Auf diese Weise bekommt er viel Gewicht in den Sattel. Das Bild des Reiters erinnert in diesem Moment an die zusammengekauerte Gestalt eines sitzenden Eichhörnchens (siehe Bild links unten).

Das Pferd drückt beim Stop den Rücken weg und Kopf und Hals hoch. Was kann ich dagegen tun?

Der Fehler liegt normalerweise in der mangelnden Vorbereitung auf den Stop (und in zuviel Handeinwirkung des Reiters bei einem Pferd, welches noch nicht sauber auf Zügeldruck nachgibt).

Mit dem richtigen **Vorbereitungstraining** des Stops (siehe entsprechender Abschnitt) wird das Pferd den Kopf nicht hochnehmen, auch wenn der Reiter einmal in der Prüfung (aus welchem Grund auch immer) mit der Hand einwirken sollte, denn es hat gelernt, daß es auf Druckaufbau des Reiters durch Nachgeben und Anhalten reagieren soll.

Im Training kann der Reiter dem Pferd zusätzlich beibringen, immer nach einem Stop sofort die Nase tief (bis auf den Boden) zu nehmen. Er zupft dabei so lange an den Zügeln, bis das Pferd nachgibt (Vergleich: Tiefnehmen der Nase bei Trail-Hindernissen) und läßt es nach dem Stop eine Weile mit ganz tiefer Nase stehen.

Nach einiger Zeit wird das Pferd **nach und schließlich schon bei jedem Stop** von selbst die Nase tiefnehmen und sich damit entspannen, weil es weiß, daß der Reiter nur Pause macht, wenn es den Kopf tief hat, es andernfalls aber mit dem Zügel stört.

Das Pferd setzt die Hinterhand beim Stop nicht richtig unter. Wie kann ich das korrigieren?

Beim Run down vor dem Stop muß das Pferd bergauf galoppieren. Gerät es dabei auf die Vorhand, so muß es der Reiter vor dem Stop korrigieren, sonst stoppt es in oben beschriebener Manier auf der Vorhand.

In der Prüfung

Merkt der Reiter beim Run down, daß das Pferd auf die Vorhand kommt, so kann er den Zügel ein wenig annehmen und mit Schenkeldruck das Pferd ans Gebiß herantreiben, bis es im Genick nachgibt. Es wird damit etwas zusammengeschoben und aufgerichtet.

Im Training

Das Pferd muß dafür jedoch gelernt haben, diesem Signal zu folgen, ohne sich durch Hochnehmen des Kopfes von den Hilfen zu befreien. Die Nase des Pferdes soll dabei kurz vor der Senkrechten bleiben.

Das Pferd muß also im Training lernen, erstens auf Annehmen des Zügels im Genick nachzugeben und zweitens, sich auf Schenkeldruck ohne Widerstand im Genick aufzurichten.
(Trainingsmethode siehe »sinnvolle Vorbereitung auf den Stop«).

Außerdem muß darauf geachtet werden, **daß der Stop nicht in tiefem, schwerem Boden trainiert wird.** Bleibt das Pferd nämlich mit der Hinterhand stecken, so bleibt ihm gar nichts anderes übrig, als vorne aufzusetzen und dann hinten nachzusetzen.

Das Pferd muß im Run Down mit gut untergesetzter Hinterhand galoppieren.

Wie muß das Pferd im Run Down galoppieren?

Das Pferd muß sauber geradeaus laufen und rund im Dreitakt galoppieren. Es darf nicht nach einer Seite drängeln oder gegen den Zügel gehen (siehe Grundlagen: Wie richte ich das Pferd gerade?).

Das Pferd muß nicht extrem schnell sein beim Run Down (der Name der Lektion ist etwas irreführend), aber es muß auf der Hinterhand arbeiten - es reicht ein natürliches Tempo.
Das Pferd darf im Run Down im frühen Stadium des Trainings nie von sich aus mehr Tempo entwickeln als der Reiter im Sinn hat. Damit wird es unkontrollierbar.
Im Training sollte man das Pferd auf etwa 70 - 80 % seiner Möglichkeiten beschleunigen und es am Ende einer langen Seite vorsichtig zurücknehmen. Fängt es an, selbständig zuzulegen, über seinen natürlichen Takt zu beschleunigen (kratzt mit der Hinterhand im Hasengalopp etc.) oder läßt es sich vor einer Ecke nicht zurück-

nehmen, so korrigiert es des Reiter sofort, indem er es durchpariert. Nicht zu hart (jedoch konsequent) korrigieren, um das Pferd nicht hektisch und sauer zu machen. Die Methode ist die Gleiche, wie die Vorbereitung zu den Stops. Man bringt es zum Stehen und richtet rückwärts, läßt es dann eine Weile stehen und beginnt von neuem mit den Run downs.

Es ist auf dem Turnier beim Run Down egal, ob das Pferd rechts oder links galoppiert. Es muß sich spätestens kurz vor einer Ecke im richtigen Galopp befinden.
Auch ein Kreuzgalopp wird an sich nicht mit Minuspunkten bestraft. Er bestraft sich jedoch unter Umständen von selbst, weil das Pferd im Kreuzgalopp nicht rund galoppiert und weil viele Pferde aus dem Kreuzgalopp nicht gut stoppen können.
Pferde, die oft in den Kreuzgalopp springen, sind entweder verspannt oder grundsätzlich schlechte Beweger.

Bei sehr hohem Tempo im Run Down oder, wenn das Pferd müde ist, kommt es jedoch öfter mal vor, daß ein Pferd hin und her wechselt.

Was tue ich, wenn das Pferd in der Prüfung beim Run Down aus der Kontrolle gerät?

Um zu vermeiden, daß es soweit kommt, kann der Reiter jeweils nach jedem Roll back leise summen (siehe auch Speed Control). Ein gut darauf trainiertes Pferd wird sich daraufhin oft beruhigen.

Durch Annehmen des Zügels bei gleichzeitigem leichtem Schenkeldruck kann das Pferd zusätzlich korrigiert werden (indem der Reiter es dadurch etwas mehr zusammenschiebt/versammelt).

Wird es trotzdem schneller und wehrt sich gegen den Reiter, muß es in der Prüfung genauso konsequent korrigiert werden, wie im Training - auch wenn man dann den Rest der Prüfung abschreiben kann. Nimmt das Pferd dem Reiter die Kontrolle, so wird es angehalten und ein paar Schritte rückwärtsgerichtet. Unter Umständen sollte man die

Aufgabe dann nicht wie vorgeschrieben zu Ende reiten, sondern nochmals den eben korrigierten Run Down reiten, und aufhören, wenn er akzeptabel war.

Merkt das Pferd jedoch erst einmal, daß es in der Prüfung nicht korrigiert wird, so wird es von Prüfung zu Prüfung heißer und unkontrollierbarer.

Bei Pferden, die aufgrund früherer Trainingsfehler Angst vor dem Sporen bekommen haben, kann es helfen, sie in der Prüfung ohne Sporen zu reiten. Sie sind unter Umständen deutlich weniger hektisch, wenn das Klappern der Sporen nicht zu hören ist.

Sie bringen dann zwar weniger Leistung, sind aber wenigstens kontrollierbar.

Stop in vorbildlicher Manier: lockere Schulter des Pferdes, loser Zügel, gut gesetzte Hinterhand.

Pferde, die dazu neigen, schnell zu werden, kann man auch etwas länger abreiten. Jedoch sollte man beim Abreiten nichts von ihnen verlangen. Also: keine Stops, kein dauerndes Drehen, keine Lektionen, bei denen sie sich aufregen könnten. Was das Pferd jetzt noch nicht kann, lernt es auch beim Abreiten nicht mehr.

Am besten ist es, das Pferd im gleichmäßigen, eher flotten Tempo müde zu traben. Wenn ein Pferd schnellen Trab anbietet, trabe man leicht und lasse es laufen, solange es nicht von sich aus in Galopp fällt. Ansonsten lasse man das Pferd das Tempo wählen, um es überhaupt nicht zu provozieren. Fällt es in Galopp, korrigiere man (siehe auch Abschnitt Trail). Ansonsten fasse man das Pferd im Maul nicht an, bis es sich beruhigt hat. Erst dann sollte man es rund reiten, so daß es im Genick nachgibt. Wird es dabei wieder hektisch, wird es wieder eine Weile am losen Zügel getrabt. Danach die Zügel wieder aufnehmen und sehen, ob es ruhig bleibt und nachgibt (usw.).

Bei Pferden mit wenig Kondition darf man diese Art des Abreitens nicht zu lange fortsetzen, damit sie in der Prüfung nicht zu müde sind und deswegen keinen Wechsel oder keinen vernünftigen Roll back mehr schaffen.

Gibt es ein ideales Tempo für den Run Down?

Viele Pferde haben ein bestimmtes Tempo, aus dem sie gut stoppen. Dieses Tempo sollte beim Run Down nicht überschritten und nicht unterschritten (außer bei schlechtem Boden: zu tief oder matschig) werden, um den anschließenden Stop vorteilhaft zur Geltung zu bringen.

Eine grobe Richtlinie, um im Run Down auf Nummer sicher zu gehen, sind 70 - 80 % des Trainingstempos.

Das Pferd wird in der Prüfung heiß - was kann ich dagegen tun?

In der Prüfung darf nicht mehr vom Pferd verlangt werden, als es im Training gelernt hat. Das Pferd soll nicht überpowert werden.

Wenn man die Stärken und Schwächen seines Pferdes kennt, so kann man die Stärken besonders zur Geltung bringen, muß bei Schwächen jedoch etwas weniger fordern, als das Pferd zu Hause kann, damit es sich nicht aufregt.

Eine schwache Stelle des Pferdes in der Prüfung auf gut Glück mit stärker (als im

---

In der Prüfung dürfen Hilfen nicht forciert gegeben werden.

Training) gegebenen Hilfen ausreizen zu wollen, kann das Gesamtbild der Prüfung verderben und auch die nachfolgenden Lektionen (die das Pferd eigentlich beherrscht) hektisch machen, wenn sich das Pferd dabei aufregt.

Der Reiter sollte grundsätzlich darauf achten, in der Prüfung die Intensität der Hilfen gegenüber dem Training nicht zu steigern, damit das Pferd nicht überreagiert.

Er sollte das Pferd mit vorsichtig gegebenen Hilfen »fragen«, wieviel Leistung es freiwillig geben will (oder momentan kann). Dies gilt hauptsächlich für Lektionen wie Spin, Roll back, Rückwärtsrichten und Tempoverstärkungen. Gibt es im Ansatz der Lektion viel weniger, als es normalerweise kann, so muß sich der Reiter erst einmal mit weniger zufriedengeben; er kann unter Umständen durch **leichte Verstärkung** im Verlauf der Lektion noch minimale Leistungssteigerung erreichen (wenn z.B. mehrere Spins hintereinander geritten werden sollen, kann der Reiter nach dem ersten, wenn das Pferd sauber im Takt ist, die Hilfen vorsichtig verstärken). Reagiert das Pferd nicht, so sollte der Reiter keine harten, strafenden Hilfen geben - denn dann kommt das Pferd garantiert aus dem Rhythmus, fängt an zu springen, regt sich auf und ist für den Rest der Prüfung schlecht kontrollierbar.

Die (ruhig auch etwas längere) **Handpause** ist bei einem Pferd, welches noch nicht aus der Kontrolle geraten ist, ein gutes Mittel, um wieder Ruhe in die Prüfung zu bekommen. Natürlich sehen die Richter übertrieben lange Pausen in der Prüfung nicht so gerne. Als Korrektur für übereifri-

---

Ein Reining-Pferd sollte nicht hypersensibel reagieren.

---

ge Pferde sind sie jedoch die sicherste Methode.

Versucht der Reiter die Prüfung mit einem rennenden Pferd noch hinzutricksen, indem er es einfach laufen läßt, so wird es von Prüfung zu Prüfung schneller - und irgendwann funktioniert dieser Trick nicht mehr.

In der Prüfung sollte der Reiter sich immer bewußt sein, daß sowohl er als auch das Pferd sich mehr oder weniger stark im Prüfungsstreß befinden. In dieser Streßsituation ist es besser, sich mit etwas weniger zu begnügen, als die eigenen Nerven und die des Pferdes mit übersteigertem Druck noch mehr zu strapazieren. Ab einem bestimmten Punkt hält das nervöse Pferd mehr Druck nicht mehr aus und reagiert, indem es dem Druck davonläuft.

Mit nervösen Reining-Pferden sollte der Reiter versuchen, Pleasure-Klassen oder Horsemanship zu reiten, damit das Pferd nicht immer nur für schnelle Prüfungen in die Arena kommt.

Cutting Klassen, in denen das Pferd nur als Turnback oder Corner-Pferd mit hereinkommt, können auch gut helfen, weil das Pferd schließlich weiß: nicht immer, wenn es in die Bahn kommt, wird volle Leistung verlangt.

Halterklassen sind eine zusätzliche Korrekturmöglichkeit.

Im Training kann der Reiter zusätzlich versuchen, übersensible Pferde etwas abzustumpfen. Er beschäftigt sie viel mit leichten Zügelsignalen und setzt auch Schenkelhilfen häufiger als nötig und manchmal stärker ein. Für eine Reining-Prüfung ist es nicht sinnvoll, wenn das Pferd hypersensibel reagiert. Angenommen, ein übersensibles Pferd rutscht irgendwo auf dem Zirkel aus, und der Reiter kommt unabsichtlich mit dem inneren Schenkel ans Pferd, so wird es vermutlich umspringen - besonders, wenn es hinsichtlich der Wechsel gut auf dem Zirkel trainiert wurde. Da gilt es, durch **leichtes Abstumpfen** des Pferdes solche Situationen zu vermeiden. Natürlich soll das Abstumpfen nicht soweit übertrieben werden, daß das Pferd auf die Reiterhilfen erst nach mehrmaliger Aufforderung reagiert. Es soll nur übereifrige Pferde beruhigen.

Ist das Pferd daran gewöhnt, mit Zügelsignalen im Training beschäftigt zu werden, so muß der Reiter dies auch tun, wenn er

in eine Prüfung einreitet. Sitzt er statt dessen unbeweglich und stocksteif auf dem Pferd, so wird dies das Pferd beunruhigen, weil der Reiter sich deutlich anders verhält als zu Hause.

Also: Schon beim Einreiten muß der Reiter die Aufmerksamkeit des Pferdes durch Zügelsignale (Annehmen und Nachgeben) auf sich lenken.

Welche Hilfen gibt der Reiter bei der Speed Control?

Normalerweise sollte das Pferd auf Zurücknehmen des Oberkörpers des Reiters langsamer werden und auf Vorneigen des Oberkörpers sowie Vorgehen mit der Zügelhand schneller.

Der Reiter kann jedoch zusätzlich mit der Stimme dem Pferd ein Signal geben. Er kann z.B. leise summen und dies als zweite Hilfe für das Langsamerwerden einsetzen. Zum Schnellerwerden kann er zusätzlich mit der Zunge schnalzen oder sich ein anderes (gleichbleibendes) verbales Kommando ausdenken.

Wie soll die Speed Control geritten werden?

Im Training:
Speed Control soll so trainiert werden, daß

Bilder links:
Oben: vorwärts / Oberkörper und Hand des Reiters gehen nach vorne.
Mitte: Das Pferd wird durch Zurücknehmen des Oberkörpers verlangsamt. Es kommt mit dem Hals etwas zu weit nach oben.
Unten: Es senkt den Hals innerhalb des nächsten Galoppsprunges wieder.

das Pferd schneller wird, wenn es getrieben wird und langsamer, sobald der Reiter nicht mehr treibt.

Zungenschnalzen und Vorlehnen des Oberkörpers sowie Druck mit beiden Schenkeln (Waden) sind die treibenden Hilfen, in der Speed Control also die Signale für den schnellen Galopp. Aufrechter Sitz, also das Zurücknehmen des Oberkörpers und das Aufhören aller treibenden Hilfen sind Signale für den langsamen Galopp. **Die Zügel sollen lose bleiben** und die Hand nicht angehoben werden (das Pferd soll ja im Galopp bleiben - und nicht in den Trab pariert werden).

Speed Control soll mit dem Pferd trainiert werden, wenn es schon leicht müde ist, damit der Reiter im Training auf keinen Fall am Zügel ziehen muß, wenn er langsamer werden will.

In der Prüfung:

Der Übergang vom schnellen zum langsamen Galopp soll weich und fließend sein - ein abruptes Aufnehmen ist gefährlich, denn das Pferd kann dabei allzu schnell in den Trab fallen oder sogar anhalten. Oder es denkt an Versammlung vor einem fliegenden Wechsel und zieht in die Figur 8 hinein, um zu wechseln.

Der Reiter beginnt etwa einen viertel Zirkel, bevor der langsame Galopp gefragt ist, damit, die treibenden Hilfen einzustellen und sich im Sattel aufzurichten. Das Pferd wird dann am erforderlichen Punkt langsam und entspannt galoppieren.

Es ist in den langsamen Tempi der Prüfung kein versammelter Galopp gefragt, sondern nur ein entspannter Galopp im Gegensatz zur Spannung und zum verstärkten Schub aus der Hinterhand des Pferdes im schnellen Galopp.

Was versteht man unter einem »Naturwechsel«?

Pferde mit gutem Gleichgewicht und guter Koordination **(gute Beweger)**, denen der Wechsel leichtfällt, können schon im frühen Stadium der Ausbildung fliegend gewechselt werden.

Der Naturwechsel ist eine einfache gelenkte Richtungsänderung, bei der das Pferd ohne Schenkeldruck umspringen soll. In der Reining wird im allgemeinen in großen Arenen und schnellem Galopp auf der Figur 8 (aus dem Zirkel wechseln) ein Naturwechsel geritten. Das betrifft insbesondere die Wechsel vom langsamen in den schnellen Zirkel und vom schnellen in den langsamen Zirkel. Wechsel aus langsameren Zirkeln sollten zur Sicherheit möglichst mit Schenkeldruck geritten werden. (Hilfengebung siehe Western Riding.)

Amerikanische Reining-Trainer reiten fast immer den Naturwechsel, aber die haben für ihre Prüfungen extrem große Arenen und können auch langsame Zirkel noch mit genug Speed reiten, so daß sie - mit talentierten Pferden - keinen Schenkeldruck für einen sauberen Wechsel brauchen. Auf hiesigen Turnierplätzen steht jedoch nicht so viel Raum zur Verfügung. Deswegen empfiehlt es sich auch für den Reining-Trainer, seinen Pferden den fliegenden Wechsel so, wie er für das Western Riding gebraucht wird, beizubringen. Das Western Riding-Pferd führt keinen Naturwechsel aus, sondern wird vermehrt auf den Schenkeldruck des Reiters sensibilisiert und lernt, nur auf Schenkeldruck umzuspringen. (Training des Wechsels auf Schenkeldruck, des Wechsels auf der Geraden bzw. mehrere Wechsel hintereinander - siehe Wechsel im Western Riding-Teil.)

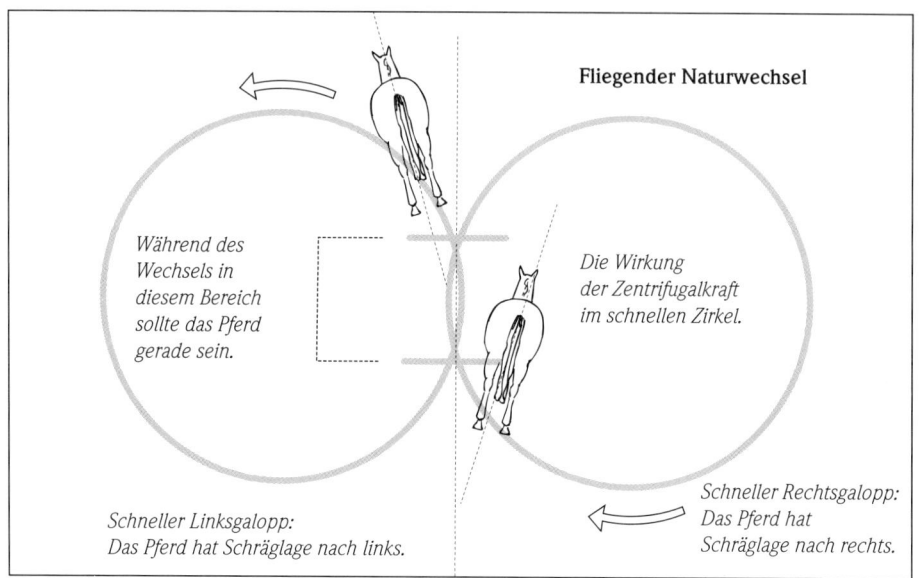

Fliegender Naturwechsel

Während des Wechsels in diesem Bereich sollte das Pferd gerade sein.

Die Wirkung der Zentrifugalkraft im schnellen Zirkel.

Schneller Linksgalopp: Das Pferd hat Schräglage nach links.

Schneller Rechtsgalopp: Das Pferd hat Schräglage nach rechts.

Wann kann der Reiter mit dem Training des fliegenden Naturwechsels beginnen?

Das Pferd muß in den Grundgangarten im Gleichgewicht sein und sich problemlos aufnehmen (versammeln) lassen. Es muß hundertprozentig dem Zügel und den Gewichtshilfen (Austreten des Steigbügels) folgen. Die Hinterhand muß gut kontrollierbar sein.

Was ist beim Training des fliegenden Naturwechsels für die Reining zu beachten?

Das Training des fliegenden Wechsels bedeutet zuerst einmal, dem Pferd die Angst vor einem Gleichgewichtsverlust beim Wechsel zu nehmen.
In der Reining wird der Wechsel aus der Figur 8 (aus dem - schnellen - Zirkel wechseln) gesprungen. Viele Reiter versuchen anfangs, ihre Pferde mit viel Tempo aus der Figur 8 fliegend zu wechseln. Bei hohem Tempo wirkt jedoch auf das Pferd eine nicht unbeträchtliche Zentrifugalkraft. Es legt sich dementsprechend »in die Kurve« - sein Schwerpunkt ist also bei einem schnellen Zirkel auf der rechten Hand nach rechts gekippt. Am Wechselpunkt muß nun das Pferd erstens die Beine sortieren und zweitens sein eigenes Gewicht (samt dem des Reiters) in die andere Richtung kippen, also seinen Schwerpunkt deutlich nach links bringen. Dazu muß man ihm etwas Zeit lassen, soll es nicht Angst vor dem »Umkippen« bekommen (siehe Abb. oben).

Der Reiter muß also während zwei bis drei Galoppsprüngen kurz vor und nach dem Wechselpunkt das Pferd weitgehend geradestellen, so daß auch sein Schwerpunkt wieder senkrecht über den Hufen liegt, und dann erst die Hilfen zum Umspringen

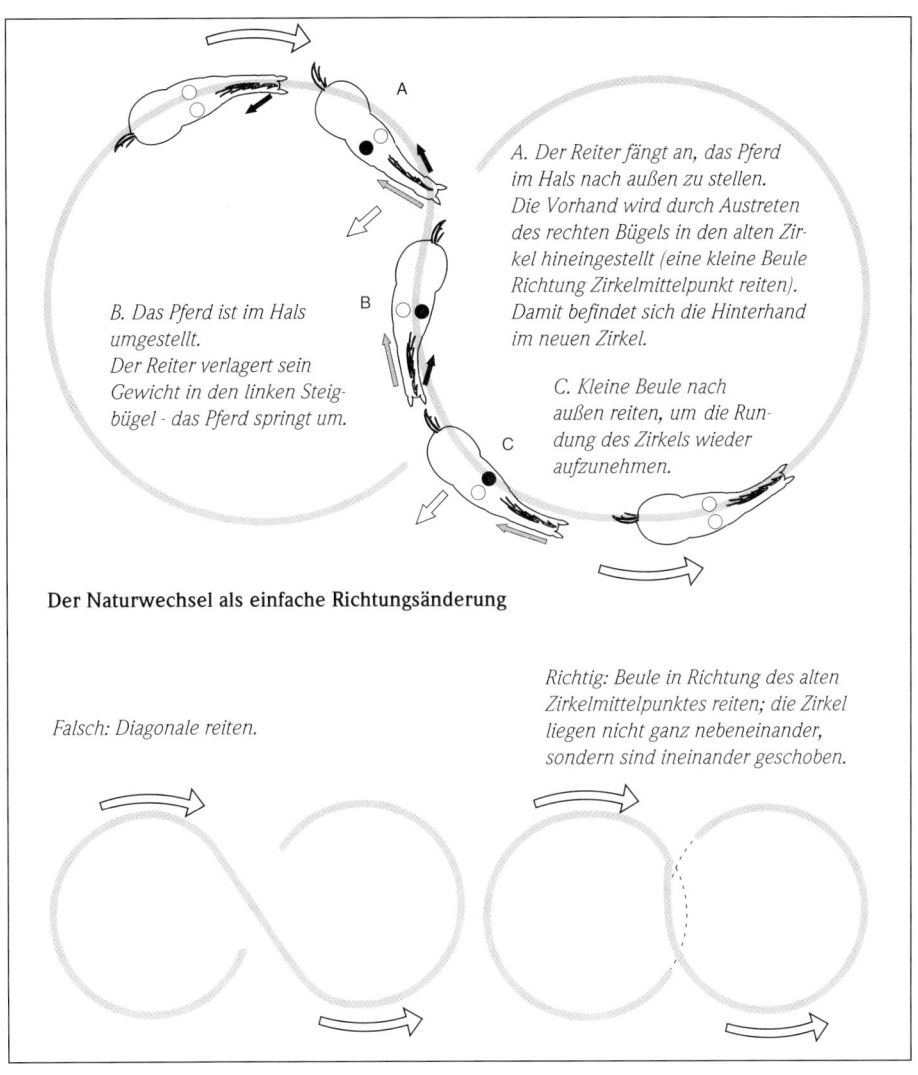

A. Der Reiter fängt an, das Pferd im Hals nach außen zu stellen. Die Vorhand wird durch Austreten des rechten Bügels in den alten Zirkel hineingestellt (eine kleine Beule Richtung Zirkelmittelpunkt reiten). Damit befindet sich die Hinterhand im neuen Zirkel.

B. Das Pferd ist im Hals umgestellt. Der Reiter verlagert sein Gewicht in den linken Steigbügel - das Pferd springt um.

C. Kleine Beule nach außen reiten, um die Rundung des Zirkels wieder aufzunehmen.

Der Naturwechsel als einfache Richtungsänderung

Falsch: Diagonale reiten.

Richtig: Beule in Richtung des alten Zirkelmittelpunktes reiten; die Zirkel liegen nicht ganz nebeneinander, sondern sind ineinander geschoben.

geben und das Pferd auf den neuen Zirkel abwenden.

Der fliegende Wechsel aus dem Zirkel soll im besten Fall nur eine »einfache« Richtungsänderung für das Pferd sein. Hals und Kopf sollen weitgehend gerade bleiben. Stellt der Reiter das Pferd beim Wechsel zu stark (und zu schnell) um und versucht, es über eigene starke Gewichtsverlagerung in den neuen Zirkel hinzuwer-

fen, so bekommt es Gleichgewichtsprobleme: Die Hinterhand schleudert heraus, das Pferd springt entweder nur vorne um (Kreuzgalopp) oder hinten nach.

Der Reiter muß beim Naturwechsel darauf achten, daß er die Hinterhand des Pferdes zuerst in die neue Richtung stellt.
Er galoppiert z.B. auf der rechten Hand auf dem Zirkel. Will er im Mittelpunkt auf

Schneller Linksgalopp auf dem Zirkel. Der Reiter sitzt verstärkt nach innen, um das Pferd, welches nach außen drängelt, auf der Zirkellinie zu halten. Der äußere (rechte) Zügel ist dabei angenommen.

Schneller Rechtsgalopp auf dem Zirkel. Das Pferd kippt nach rechts. Der Reiter sitzt entsprechend in der gleichen Achse.

die linke Hand wechseln, so muß er erreichen, **daß die Hinterhand sich vor der Vorhand** nach links **in die Wendung hereinbewegt.** Damit stellt er sicher, daß das Pferd nicht zuerst vorne wechselt und dann hinten nachspringt.

Der Reiter muß beim Naturwechsel die Hinterhand des Pferdes zuerst in die neue Richtung stellen.

Er erreicht die vorzeitige Umstellung der Hinterhand damit, daß er vor dem Wechsel eine kleine Beule in den Zirkel auf der rechten Hand hereinreitet (als ob er den Zirkel am Mittelpunkt verkleinern wollte), dabei das Pferd **vor dem Mittelpunkt**

langsam im Hals umstellt, selbst aber erst am Mittelpunkt (= Wechselpunkt) nach links umsitzt, d.h. den linken Steigbügel austritt. Durch die Beule ist die Hinterhand vor der Vorhand in die neue Richtung gestellt, die Vorhand folgt dem Gewicht des Reiters am Mittelpunkt nach links (siehe Abb. S. 121).

Der Reiter reitet nun auch den folgenden Zirkel am Anfang mit einer kleinen Beule. Damit erleichtert er dem Pferd die Umstellung, da es noch einen Galoppsprung mehr oder weniger gerade galoppieren kann und sich erst dann wieder in die neue Wendung hereinstellen muß. Man kann sich die Beulen so vorstellen, daß die beiden Zirkel sich in der Mitte leicht über-

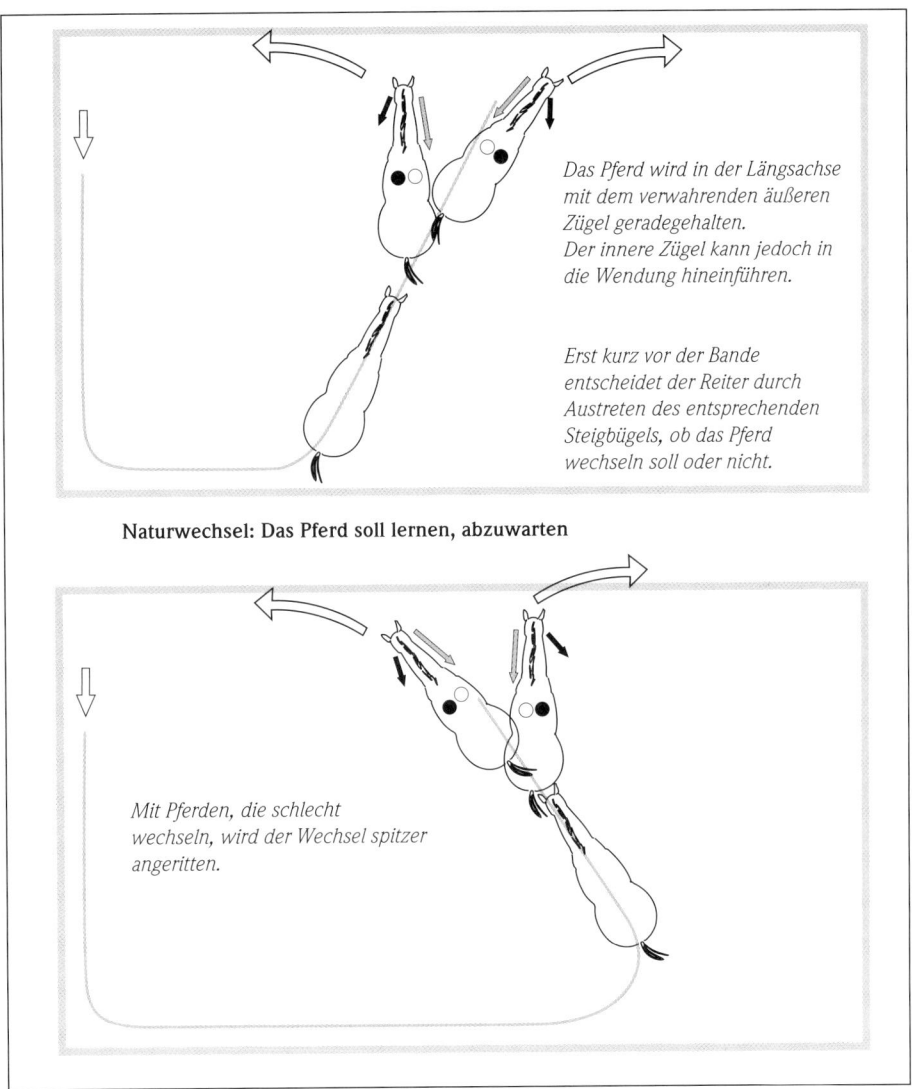

Das Pferd wird in der Längsachse mit dem verwahrenden äußeren Zügel geradegehalten.
Der innere Zügel kann jedoch in die Wendung hineinführen.

Erst kurz vor der Bande entscheidet der Reiter durch Austreten des entsprechenden Steigbügels, ob das Pferd wechseln soll oder nicht.

Naturwechsel: Das Pferd soll lernen, abzuwarten

Mit Pferden, die schlecht wechseln, wird der Wechsel spitzer angeritten.

lappen (siehe Abb.), und das Pferd schon vor dem Mittelpunkt auf die Rundung des neuen Zirkels eingestellt wird.

Falsch ist es, den Wechsel in der Figur 8 ähnlich einer kleinen Diagonalen zwischen zwei Zirkeln zu verschleifen. Damit läuft man Gefahr, daß das Pferd hinten nachspringt oder von sich aus im Tempo zulegt.

Wie vermeide ich, daß das Pferd den Reiterhilfen beim Naturwechsel vorgreift?

Viele Pferde beschleunigen von sich aus, wenn sie wissen, daß der Reiter einen Wechsel »plant«. Sie tun dies manchmal aus Angst vor dem Wechsel (Gleichge-wichtsproblem, siehe oben), manchmal aber auch aus Übereifer.

Das übereifrige Pferd muß nun ler-nen, abzuwarten.

Dazu reitet der Reiter im Galopp die Figur »Durch die halbe Bahn wechseln« (siehe Abb. S. 123 oben). Am Punkt x läßt er das Pferd nun manchmal wechseln, reitet aber ein anderes Mal auch, ohne zu wechseln, auf der gleichen Hand weiter. Das Pferd weiß nun nie genau, ob ein Wechsel folgt oder ob es sich stark auf die Hinterhand setzen muß, um die enge Wendung im Galopp auf der gleichen Hand vor dem Zaun vollziehen zu können.

Die Übung baut vermehrtes Gleichgewicht in engen Wendungen auf und lehrt das Pferd, die Reiterhilfen abzuwarten.

Je schlechter das Pferd wechselt, desto spitzer sollte die Wendung zum Wechsel hin sein (siehe Abb. S. 123 unten).

Beispiel: Der Reiter befindet sich auf der rechten Hand im Rechtsgalopp und reitet nach der Ecke auf den Punkt x zu. Auf der Geraden bleibt er gerade sitzen. Will er nun wechseln, so verlegt er kurz vor dem Punkt x sein Gewicht in den linken Steig-bügel (stärker austreten). Das Pferd springt in den Linksgalopp.

Der Reiter entscheidet kurzfristig, ob das Pferd wechseln soll oder nicht. Das Pferd kann dann die Hilfen nicht vorwegnehmen.

Will er auf der gleichen Hand bleiben, so tritt er den rechten Steigbügel stärker aus (Gewicht nach rechts). **Der jeweils äußere Zügel verwahrt und hält das Pferd gerade.** Er wird dazu soviel ange-nommen, daß er Kontakt zum Maul des Pferdes behält und verhindert eine Stel-lung und Biegung des Pferdes in Richtung der Wendung. Stellt sich das Pferd zu sehr in die Bewegungsrichtung, so schleudert die Hinterhand nach der anderen Seite heraus. Beim Wechsel könnte es dann nachspringen.

Es ist wichtig, die Gewichtshilfen erst kurz vor dem Punkt x zu geben, damit das Pferd sich nicht vorbereiten kann. Zudem ist es wichtig, Wechsel und Nicht-Wechsel nicht einfach abwechselnd zu reiten - das Pferd würde dann wissen, wann ein Wechsel und wann eine Spitzkehre kommt -, sondern unregelmäßig zu vari-ieren.

Wie korrigiere ich nach-träglich, wenn das Pferd den Naturwechsel hinten nicht mitgesprungen hat?

Der Reiter kann das Pferd mit Stimme beschleunigen, wenn es hinten nicht mit-gewechselt hat und dann abwarten, ob es während der nächsten zwei Galoppsprün-ge evtl. von sich aus nachspringt. Wenn nicht, so stelle er das Pferd im Galopp nach außen. Damit kommt die Hinterhand seitwärts nach innen, das innere Hinter-bein muß vermehrt nach innen treten und das Pferd sollte dabei hinten umspringen. Das Gewicht des Reiters bleibt dabei in Richtung der Wendung verlagert.

Wenn ein Pferd hinten nicht mitspringt, sollte der Reiter sicherstellen, daß es nicht zu müde ist und keine Kraft mehr zum Umspringen hat, bevor er an ihm herum-korrigiert und es immer noch müder macht - und damit den Fehler womöglich verankert.

Wie kann ich die Koordinationsfähigkeit des schon weit fortgeschrittenen Pferdes und seine Reaktion auf die Hilfen des Reiters verbessern?

Der Reiter kann das Pferd in Außenstellung auf dem Zirkel arbeiten und dabei zusätzlich die Hinterhand des Pferdes renversartig nach außen schieben.

Das Pferd läuft auf zwei Zirkellinien: die Vorhand auf der kleineren, die Hinterhand auf der größeren.

Dies ist eine äußerst schwierige Übung und darf auf keinen Fall begonnen werden, wenn das Pferd noch nicht sicher Travers und Renvers sowie die Außenstellung auf dem Zirkel beherrscht.

Die Hauptschwierigkeit besteht darin, daß das Pferd mit der Hinterhand einen größeren Kreis beschreibt (also einen weiteren Weg zurücklegen muß) als mit der Vorhand.

Der Reiter befindet sich zum Beispiel auf dem Zirkel auf der rechten Hand. Er stellt nun das Pferd nach außen (nach links), treibt gleichzeitig mit dem rechten Schenkel die Hinterhand nach außen (nach links), läßt sein Gewicht aber rechts, um das Pferd mit der Vorhand auf dem kleinen Zirkel zu halten. Der rechte Zügel begrenzt die Schulter und hält die Vorhand zusätzlich auf der inneren Zirkellinie. Der linke Zügel erhält die Kopfstellung.

Die Hinterhand des Pferdes läuft nun nach links, die Vorhand bleibt rechts (siehe Zeichnung rechts).

Diese Übung kann im Schritt, Trab und später im Außengalopp durchgeführt werden.

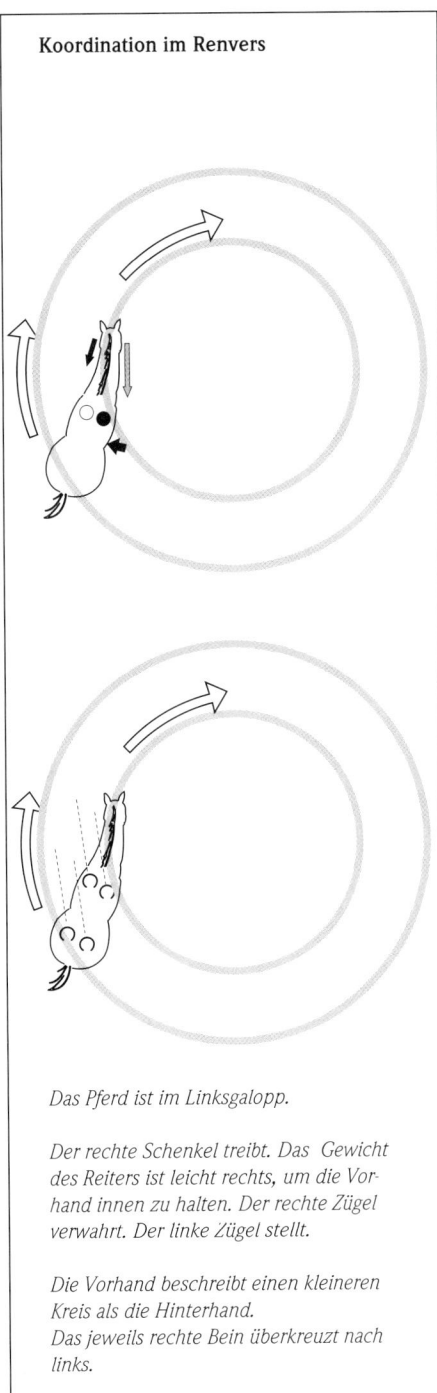

Koordination im Renvers

Das Pferd ist im Linksgalopp.

Der rechte Schenkel treibt. Das Gewicht des Reiters ist leicht rechts, um die Vorhand innen zu halten. Der rechte Zügel verwahrt. Der linke Zügel stellt.

Die Vorhand beschreibt einen kleineren Kreis als die Hinterhand.
Das jeweils rechte Bein überkreuzt nach links.

Western
Riding

Training und Korrektur
Bereich Western Riding

Was wird in der Western Riding-Prüfung verlangt?

Hauptkriterium sind eine Reihe von fliegenden Wechseln, die das Pferd entspannt und in gleichbleibendem Tempo absolvieren muß. Zudem werden ein Stop, das Überwinden einer Stange im Trab und Galopp, Rückwärtsrichten und das Durchreiten eines Tores verlangt.

Wie bewertet der Richter die Western Riding?

Besonderes Augenmerk gilt dem taktreinen und in gleichbleibendem Tempo gerittenen Galopp, den mühelosen und am vorgeschriebenen Punkt gesprungenen Galoppwechseln, der Durchlässigkeit und der Aufmerksamkeit des Pferdes am Stangenhindernis (und am Tor bei Pattern 1).

Das Stangenhindernis muß einmal im Jog und einmal im Galopp überwunden werden. Dabei soll das Pferd die Länge des Trabtrittes bzw. des Galoppsprungs nicht deutlich vergrößern.
Das Durchreiten des Tores wird analog der Bewertung im Trail beurteilt (siehe dort), die Gangarten des Pferdes analog den Pleasure-Richtlinien (siehe dort).
Bei Stop und Rückwärtsrichten kommt es auf Exaktheit an. Der Stop muß kein Sliding Stop sein - ein sauberes konsequentes

und vor allem gerades Anhalten aus dem Galopp genügt. Das Rückwärtsrichten (mindestens 3,5 m rückwärts) soll flüssig und gerade sein.
Deutlich sichtbare, grobe Hilfen des Reiters, Kopfschlagen oder offenes Maul des Pferdes oder zu hohes Tempo im Galopp führen zu Punktabzug.

Die Basispunktzahl liegt wie bei der Reining bei 70 Punkten.

Für jedes der 9 Manöver punktet der Richter (in Schritten von einem halben Punkt) von -1 bis +1 für die Manier des Pferdes (Vergl. Reining-Wertung) und addiert bzw. subtrahiert von den 70 Punkten.

Strafpunkte gibt es zusätzlich für:

Nichtschließen des Tores bei Pattern 1 (aus Ungehorsam des Pferdes): 5 Punkte.
Unterbrechen des Galopps/einfacher statt fliegender Wechsel: - 3 bis - 5 Punkte.
Auslassen eines Galoppwechsels (dadurch werden eigentlich, bedingt durch die Pattern, gleich zwei Wechsel nicht ausgeführt): - 5 Punkte.
Galoppwechsel nicht am Punkt (zu spät oder zu früh) oder Kreuzgalopp: ein halber bis ein ganzer Sprung: - 1/2 Punkt.
Jeder weitere Galoppsprung : -1 Punkt.
Unverlangte, zusätzliche Galoppwechsel in der Aufgabe: - 3 bis - 5 Punkte.
Zu spätes Angaloppieren nach dem Hindernis im Jog : - 3 bis - 5 Punkte.
Starkes Berühren des Stangenhindernisses: - 1 Punkt.
Leichtes Berühren des Stangenhindernisses: -1/2 Punkt.

Auslassen eines Hindernisses, Umwerfen der Markierungen oder des Tores, Vorbeireiten an der falschen Seite der Markierungen, falsche Reihenfolge der vorgeschriebenen Lektionen (Verreiten) führt zur Disqualifikation (siehe auch entsprechender Abschnitt).

Gibt es vorgeschriebene Abmessungen für die Western Riding-Prüfung?

Der Abstand zwischen den Markierungen (auf der Seite, auf der sich 5 Marker befinden) soll mindestens 9 m, höchstens 15 m betragen.
Der seitliche Abstand zur Bande sollte mindestens 4,5 m betragen.

Welche Art von fliegenden Wechseln sind beim Western Riding gefragt?

Das Pferd soll flach, flüssig und für den Reiter bequem wechseln. Es soll nicht deutlich akzentuiert und mit sichtbarem Kraftaufwand umspringen, sondern wechseln, ohne den normalen Galopprhythmus zu unterbrechen. Der Wechsel soll elegant, rund und harmonisch wirken. Das Pferd sollte ein »guter Beweger« sein, um gute Chancen beim Western Riding zu haben.

Der fliegende Wechsel in der Western Riding soll harmonisch und elegant ohne sichtbaren Krafteinsatz gesprungen werden.

Welche Pferde eignen sich besonders für die Western Riding?

Pferde mit einer großen Galoppade (und langer Schwebephase) haben am wenigsten Schwierigkeiten mit dem Wechsel. Das gilt sowohl für die körperliche Konstitution als auch für die reine Optik. Gute Pleasure Pferde (also Pferde mit harmonischer Bewegung) sind optimal für die Western Riding.
Verkürzt man bei einem Pferd mit von Natur aus großem Galoppsprung den Galopp für die fliegenden Wechsel, so wirkt der Galoppsprung immer noch elegant und flüssig. Bei einem Pferd mit kleinem Galoppsprung wirkt er oft unharmonisch und hoppelnd - vor allem in einer großen Halle.
Bei einem Pferd mit langer Schwebephase hat der Reiter viel Zeit für die Hilfengebung. Und das Pferd hat in der Schwebephase genug Zeit, sich bzw. seine Beine umzusortieren.
Größere und kräftigere Pferde können sich besser mit dem Gewicht des Reiters arrangieren und springen die Wechsel trotz des Reitergewichts noch elegant. Man sieht bei ihnen weniger schnell die Anstrengung beim Wechsel, weil sie mehr Kraftreserven haben. Gute Warmblüter ohne ausgeprägte Knieaktion eignen sich oft für die Western Riding.

Wie sehen die Hilfen für den fliegenden Wechsel in der Western Riding aus?

Der Reiter sollte sein Pferd für die Western Riding nur **über Schenkelhilfen** wechseln. (Nicht wie bei der Reining, wo er

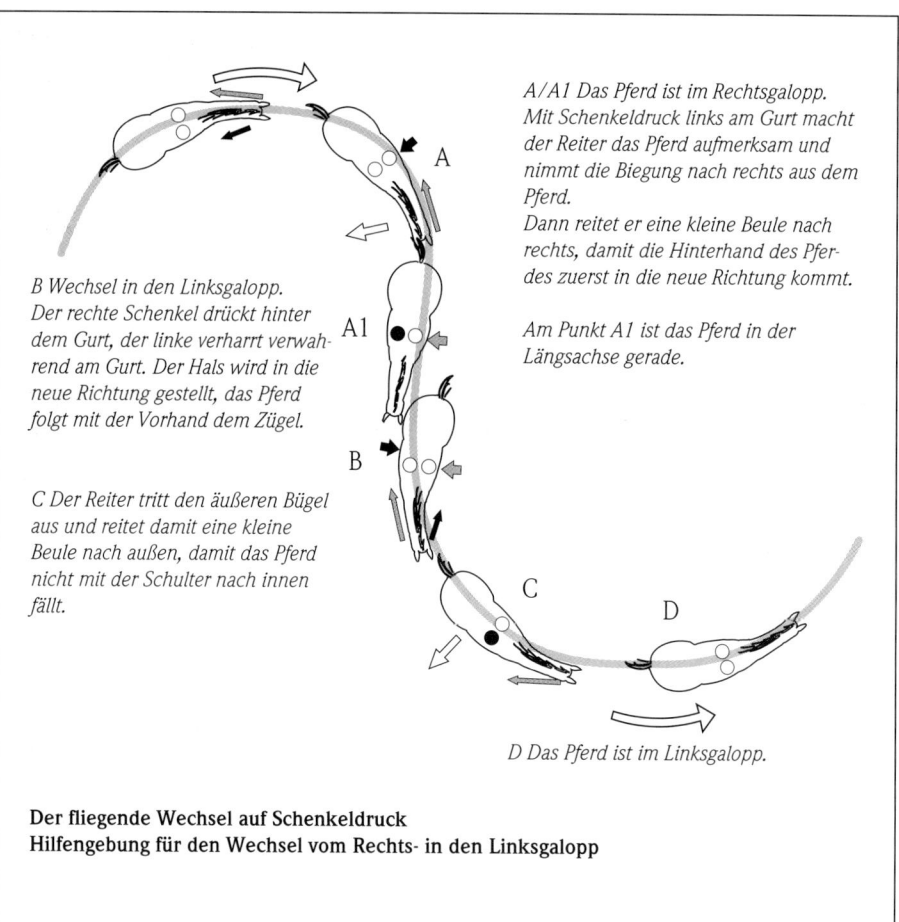

A/A1 Das Pferd ist im Rechtsgalopp.
Mit Schenkeldruck links am Gurt macht
der Reiter das Pferd aufmerksam und
nimmt die Biegung nach rechts aus dem
Pferd.
Dann reitet er eine kleine Beule nach
rechts, damit die Hinterhand des Pferdes zuerst in die neue Richtung kommt.

Am Punkt A1 ist das Pferd in der
Längsachse gerade.

B Wechsel in den Linksgalopp.
Der rechte Schenkel drückt hinter
dem Gurt, der linke verharrt verwahrend am Gurt. Der Hals wird in die
neue Richtung gestellt, das Pferd
folgt mit der Vorhand dem Zügel.

C Der Reiter tritt den äußeren Bügel
aus und reitet damit eine kleine
Beule nach außen, damit das Pferd
nicht mit der Schulter nach innen
fällt.

D Das Pferd ist im Linksgalopp.

Der fliegende Wechsel auf Schenkeldruck
Hilfengebung für den Wechsel vom Rechts- in den Linksgalopp

Wechsel nur über das richtige Lenken des Pferdes reiten kann.)

Zum Angaloppieren auf der rechten Hand drückt er mit dem äußeren (linken) Schenkel (hinter dem Bauchgurt) die Hinterhand des Pferdes kurz nach innen - das Pferd springt im richtigen (Rechts-)Galopp an. Befindet sich das Pferd im taktreinen Galopp, läßt er beide Unterschenkel herabhängen. Er benutzt dann die Schenkel nur noch, wenn er etwas vom Pferd will (siehe Grundlagen).

Um jetzt vom Rechtsgalopp in den Linksgalopp zu wechseln, gibt der Reiter dem Pferd erst noch zweimal kurzen Druck (pumpende Bewegung) mit dem äußeren - linken - Schenkel am Gurt. Damit macht er das Pferd darauf aufmerksam, daß

Der Reiter soll sein Gewicht
nicht deutlich in Richtung
des Wechsels verlagern.

etwas Neues kommt und schiebt es etwas zusammen. Zudem nimmt er damit die Biegung aus dem Pferd (stellt es in der Längsachse gerade), wenn er aus dem Zir-

Auch Flaggen und Stangen bringen das Westernpferd nicht aus der Ruhe.

kel wechseln (Figur 8) will. (Das Pferd muß bei Wechseln aus dem Zirkel immer in seiner Längsachse geradegehalten werden, damit es nicht in die Wendung hineinkippt - siehe auch Naturwechsel im Reining-Teil). Danach verharrt der linke Schenkel, und der rechte Schenkel des Reiters drückt hinter dem Gurt: das Pferd springt nach links um.

Der Reiter soll bei diesem schenkelgesteuerten Wechsel **sein Gewicht nicht deutlich verlagern.** Bei Wechseln aus dem Zirkel genügt ein minimales Austreten des jeweils inneren Steigbügels. Auf jeden Fall

ist es falsch, wenn der Reiter sein Gewicht mit dem gesamten Oberkörper in Richtung des beabsichtigten Wechsels herüberwirft. Wenn das Pferd später auf der Geraden wechseln soll, so wird es mit dieser Methode hin- und herschwanken. Die Wechsel und das Gesamtbild sehen dann unschön aus.

Das Pferd sollte sicher nur auf Schenkeldruck umspringen, bevor mit aufbauenden Übungen sowie mehreren Wechseln hintereinander begonnen wird.

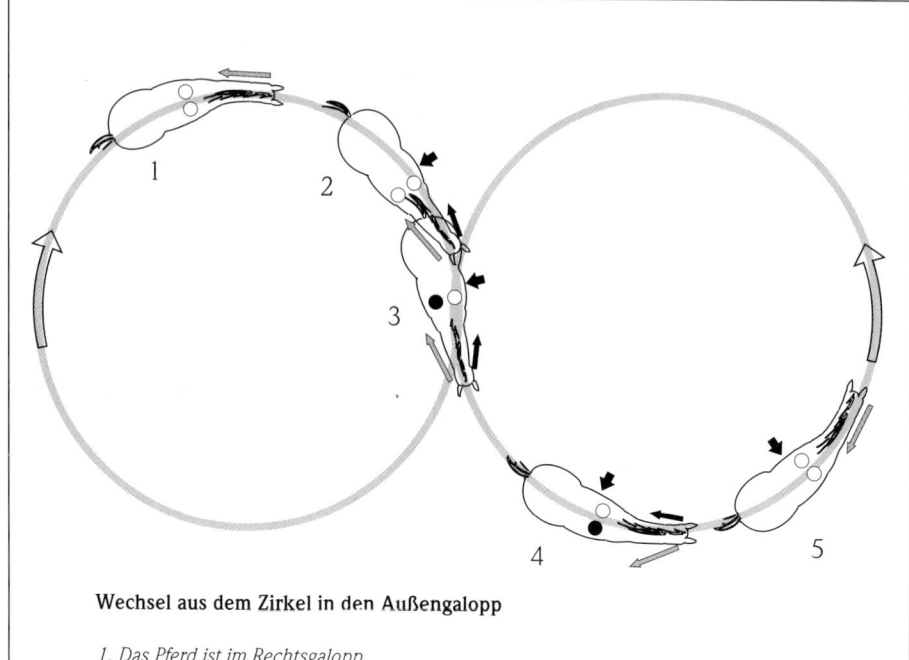

Wechsel aus dem Zirkel in den Außengalopp

1. Das Pferd ist im Rechtsgalopp.
2. Es wird vor dem Mittelpunkt umgestellt, der linke Schenkel des Reiters hält die Hinterhand soweit links, daß das Pferd nicht umspringen, aber noch rund galoppieren kann.
3. und 4. Das Gewicht des Reiters ist rechts, damit hält er das Pferd auf der neuen Zirkellinie außen.
Der linke Zügel führt nach links, der rechte verwahrt.
5. Sobald das Pferd nicht mehr nach innen zieht, hält es der verwahrende rechte Zügel auf der Zirkellinie. Der linke Schenkel hält es im Rechtsgalopp.

Wie kann der Reiter im Hinblick auf fliegende Wechsel Schenkel- und Hinterhandkontrolle verbessern?

Figur 8 mit Wechsel vom Innen- in den Außengalopp.

Die Figur 8 (aus dem Zirkel wechseln) mit Wechsel vom Innengalopp zum Außengalopp jeweils im Mittelpunkt macht das Pferd aufmerksam auf den Schenkeldruck des Reiters (siehe Zeichnung oben).

Der Reiter galoppiert z.B. auf der rechten Hand im Rechtsgalopp auf dem Zirkel. Kurz vor dem Mittelpunkt stellt er das Pferd vorsichtig nach links (lenkt damit auf den neuen Zirkel), verlegt sein Gewicht im Mittelpunkt nach rechts, läßt aber den linken Schenkel am Pferd (für einen fliegenden Wechsel nach links würde er jetzt den rechten Schenkel anlegen). Das Pferd wechselt nun am Mittelpunkt nur die Richtung. (Es sollte nicht umspringen - tut es dies doch, wird es korrigiert und neu rechts angaloppiert.) Es befindet sich nun im Rechtsgalopp (Außengalopp) auf der linken Hand auf dem neuen Zirkel. Das Pferd ist jetzt auf dem Zirkel linke Hand auch links gestellt.

Nach einer Runde im Außengalopp wechselt der Reiter wieder aus dem Zirkel - und befindet sich nun wieder im Rechtsgalopp auf der rechten Hand auf dem Zirkel. Diese Übung beginnt er einmal im Rechts-, einmal im Linksgalopp und läßt das Pferd jeweils einen Zirkel im Außengalopp und zwei im Innengalopp gehen.

Das Pferd wird mit dieser Übung sehr aufmerksam auf den Schenkel des Reiters, weil ihm weder die Stellung noch die Bewegungsrichtung, sondern nur der angelegte Schenkel des Reiters einen Hinweis auf die Art des Galopps gibt.

Nur der angelegte Schenkel soll dem Pferd einen Hinweis auf Rechts- bzw. Linksgalopp geben.

Hinterhand herausschwingen lassen:

Um dem Pferd beizubringen, **unverzüglich auf einen Schenkeldruck mit der Hinterhand zu reagieren**, kann man bei der Arbeit auf dem Zirkel die Hinterhand immer wieder kurz herausschwingen lassen. Die Vorhand bleibt dabei auf der Zirkellinie (siehe auch Grundlagen).

Der Reiter reitet bei dieser Übung die Figur 8 (aus dem Zirkel wechseln) - wechselt also dauernd die Hand.

Er drückt für ein bis zwei Tritte die Hinterhand des Pferdes etwa 1 m nach außen und läßt sie dann wieder nach innen kommen. Die Hinterhand muß regelrecht schwingen dabei.

Dann wechselt er aus dem Zirkel auf die andere Hand und wiederholt die Übung auf der anderen Hand, wechselt wieder aus dem Zirkel usw.

Wie trainiere ich fliegende Wechsel hinsichtlich mehr Eleganz?

Fliegende Wechsel auf dem Zirkel.

Voraussetzung: Das Pferd kann schon sauber fliegend wechseln und reagiert auf den Schenkel!

Der Reiter arbeitet auf einem Zirkel (Durchmesser 12 - 15 m). Er wechselt nun das Pferd vom Innengalopp in den Außengalopp - und wieder zurück, ohne dabei aus dem Zirkel zu wechseln (siehe Abb. S. 134).

Als Beispiel: Der Reiter befindet sich auf dem Zirkel auf der rechten Hand im Rechtsgalopp. Er wechselt dann in den Linksgalopp - bei immer noch rechtsgestelltem Pferd, galoppiert einige Sprünge im Außengalopp und wechselt zurück in den Rechtsgalopp.

Das Pferd muß dazu so vorbereitet sein, daß es nur auf Schenkeldruck wechselt. Das Gewicht des Reiters bleibt so lange innen, bis das Pferd gewechselt hat und sich im Außengalopp befindet. Dann verlagert der Reiter das Gewicht nach außen, um das Pferd auf der Zirkellinie zu halten.

Der äußere Schenkel gibt vor dem Wechsel in den Außengalopp zweimal kurz (pumpenden) Druck und macht das Pferd (im Innengalopp) aufmerksam. Zusätzlich verkleinert der Reiter den Zirkel minimal (traversartig), indem er das Pferd mit dem äußeren Schenkel nach innen hereindrückt. Dann verwahrt der äußere Schenkel.

Um nun in den Außengalopp zu wechseln, drückt der Reiter die Hinterhand des Pferdes kurz mit dem **inneren Schenkel** (hinter dem Bauchgurt) heraus - und vergrößert damit gleichzeitig den Zirkel etwas nach außen (schenkelweichenartig): Das

Wechsel vom Innen- in den Außengalopp auf dem Zirkel

1. Das Pferd ist im Innengalopp (Rechtsgalopp). Der Reiter drückt das Pferd mit dem äußeren Schenkel traversartig in den Zirkel herein (Zirkel verkleinern).
2. Der innere Schenkel des Reiters gibt Druck - das Pferd sollte umspringen.
3. Zirkel vergrößern.
4. Äußerer Zügel und äußerer Schenkel verwahren. Das Pferd ist im Außengalopp (Linksgalopp). Das Gewicht und der verwahrende Zügel links (außen) halten das Pferd auf der Zirkellinie.

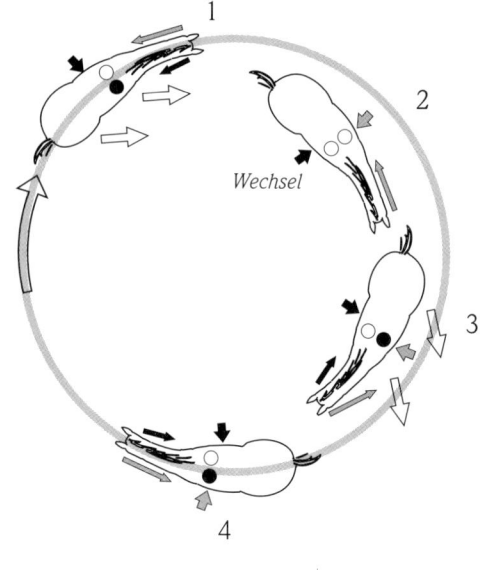

Wechsel vom Außen- in den Innengalopp auf dem Zirkel

1. Pferd ist im Außengalopp (Linksgalopp). Der Reiter läßt das Pferd durch Druck mit dem inneren Schenkel schenkelweichenartig nach außen gehen.
2. Schenkeldruck außen läßt das Pferd umspringen.
3. Travers nach innen.
4. Das Pferd befindet sich im Innengalopp (Rechtsgalopp).

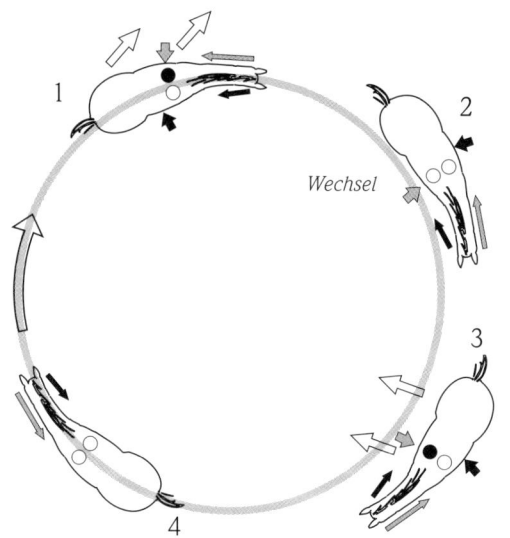

Pferd springt in den Außengalopp. Durch Belasten des äußeren Steigbügels wechselt das Pferd auch mit der Vorhand in den Außengalopp.

Der äußere Zügel hält bei der Übung **Kontakt zum Maul** und damit die äußere Schulter unter Kontrolle.

Ein verbreiteter Fehler ist, beim Wechsel in den Außengalopp zuviel mit dem inneren Schenkel zu drücken und den äußeren Zügel nicht kontrollierend einzusetzen. Das

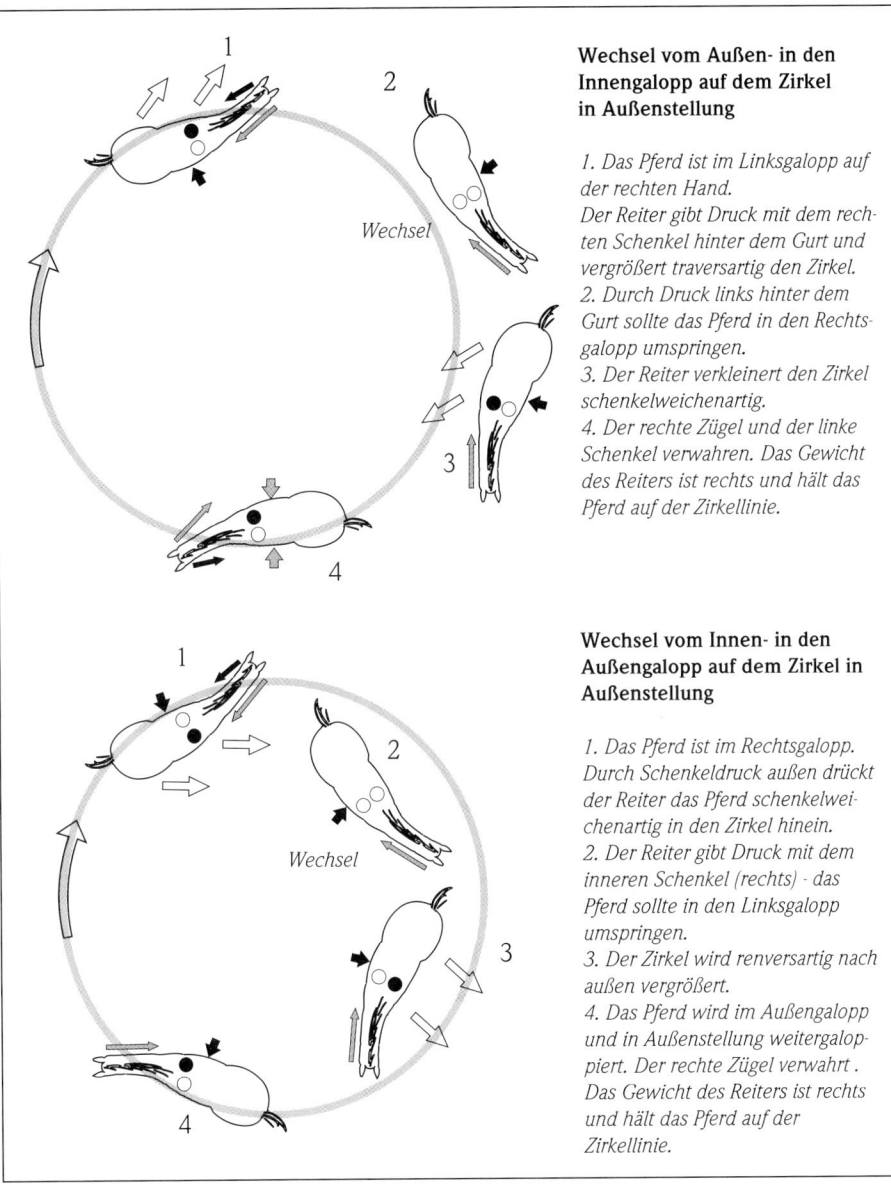

Wechsel vom Außen- in den Innengalopp auf dem Zirkel in Außenstellung

1. Das Pferd ist im Linksgalopp auf der rechten Hand.
Der Reiter gibt Druck mit dem rechten Schenkel hinter dem Gurt und vergrößert traversartig den Zirkel.
2. Durch Druck links hinter dem Gurt sollte das Pferd in den Rechtsgalopp umspringen.
3. Der Reiter verkleinert den Zirkel schenkelweichenartig.
4. Der rechte Zügel und der linke Schenkel verwahren. Das Gewicht des Reiters ist rechts und hält das Pferd auf der Zirkellinie.

Wechsel vom Innen- in den Außengalopp auf dem Zirkel in Außenstellung

1. Das Pferd ist im Rechtsgalopp. Durch Schenkeldruck außen drückt der Reiter das Pferd schenkelweichenartig in den Zirkel hinein.
2. Der Reiter gibt Druck mit dem inneren Schenkel (rechts) - das Pferd sollte in den Linksgalopp umspringen.
3. Der Zirkel wird renversartig nach außen vergrößert.
4. Das Pferd wird im Außengalopp und in Außenstellung weitergaloppiert. Der rechte Zügel verwahrt . Das Gewicht des Reiters ist rechts und hält das Pferd auf der Zirkellinie.

führt dazu, daß das Pferd einfach nur nach außen ausweicht, sich mit der äußeren Schulter entzieht und dabei auseinanderfällt. Der äußere Schenkel sollte, weicht das Pferd zu stark nach außen aus, verwahrend am Gurt liegen und zusätzlich zum äußeren Zügel die äußere Seite des Pferdes kontrollieren.

Wird das Pferd zurück in den Innengalopp gewechselt, so wird erst der innere Schenkel zweimal deutlicher am Gurt eingesetzt, um das Pferd (im Außengalopp) aufmerksam zu machen und schenkelweichenartig nach außen zu drücken. Dann kommt der äußere Schenkel mit Druck - das Pferd verkleinert traversartig den Zirkel und springt zurück nach innen.

Diese Übung wird auf beiden Händen auf dem Zirkel trainiert. Sie fördert - richtig ausgeführt - die Versammlung und den Schenkelgehorsam des Pferdes. Das Pferd

---

Das Pferd lernt, in jeder Stellung sauber und rund zu galoppieren.

---

lernt, in jeder Lage und Stellung rund und sauber zu galoppieren.

Später kann man die Übung auch in Außenstellung trainieren (siehe Zeichnung Seite 135).

Was muß das Pferd können, bevor mit dem Training des fliegenden Wechsels auf der Geraden begonnen wird?

Das Training der Seitengänge (Schenkelweichen, später Schulterherein, Renvers und Travers) muß abgeschlossen sein. Zudem ist die Übung »Hinterhand herausschwingen lassen« sowie die Übung »Zirkel verkleinern und vergrößern« (siehe Schenkelkontrolle/Grundlagen) als Vorbereitung geeignet.

Darauf erst baut das Training der langsamen und eleganten Galoppwechsel der Western Riding auf der Geraden auf.

Die Übung des Galoppwechsels auf dem Zirkel mit Travers und Schenkelweichen (siehe oben) bildet eine weitere Grundlage für die Übungen auf der Geraden.

Wie vermeide ich, daß das Pferd anfängt zu rennen, wenn es auf der Geraden wechselt?

Ein Pferd, welches nach einem Wechsel einfach in Ruhe gelassen wird, denkt zu sehr an »Vorwärts«, an den Wechselsprung nach vorne und neigt dazu, schneller zu werden (oder auch dazu, sich der Hilfe zum Umspringen nach vorne zu entziehen).

Der Reiter entwickelt deswegen den geraden Wechsel aus der Traversalenarbeit.

Das Pferd muß jedoch in allen Gangarten perfekt traversieren können, um den Wechsel darauf aufbauen zu können, und es muß gelernt haben, im Schritt und Trab in der Traversale die Richtung zu ändern.

Er traversiert z.B. im Galopp nach rechts: Sein linker Schenkel (hinter dem Gurt) drückt das rechts gestellte Pferd nach rechts.

Will er jetzt wechseln, so stellt er den Kopf des Pferdes zuerst gerade und gibt dann Druck mit dem rechten Schenkel. Das Pferd springt um.

Nun soll das Pferd aber auch beginnen, nach links zu traversieren. Der Reiter stellt also den Pferdekopf nach links und drückt weiter mit dem rechten Schenkel. Das Pferd traversiert nach links. (siehe Abb. S. 137)

Es soll also von Traversale zu Traversale wechseln und weiß schließlich nach einigen Trainingseinheiten: Nach einem Wechsel muß ich die Beine überkreuzen. Es denkt nicht mehr an Vorwärts, sondern an Seitwärts und fängt nicht an zu rennen.

Will das Pferd nicht im Galopp traversieren, so wird es nach einem Wechsel in den Trab (oder notfalls auch Schritt) durchpariert und in dieser Gangart traversiert. Auf jeden Fall muß dem Pferd klargemacht werden: Sobald der Schenkel zum Wechsel kommt, geht es um »Beine überkreuzen«.

Was kann ich tun, wenn mein Pferd die Wechsel dauernd nachspringt?

Ein Pferd springt den Wechsel hauptsächlich dann nach, wenn es sich über die Schulter in Wechselrichtung entzieht. Bei einem Wechsel nach rechts muß also die Schulter des Pferdes links gehalten werden und zuerst die Hinterhand in Wechselrichtung gedrückt werden (siehe auch Wechsel bei der Reining).

Hat das Pferd gelernt, daß sich bei Schenkeldruck **die Hinterhand bewegen und die Vorhand auf der Linie bleiben soll,** so beginnt es den Wechsel von allein hinten, weil es auf den Schenkeldruck dann **zuerst hinten** reagiert. Es kann nur nachspringen, wenn es die »Schulter verliert«, wenn es also mit der Vorhand die Linie der Bewegungsrichtung verläßt.

Der Reiter muß dazu die **Schulter- und die Hinterhandkontrolle verbessern**. Das kann ruhig erst einmal wieder im Schritt und Trab geschehen.
Alle Vorübungen für die bessere Hinterhandkontrolle, Hinterhand herausschwingen lassen auf dem Zirkel und später auf der Geraden (Travers, Renvers), Wechsel vom Innengalopp in den Außengalopp auf dem Zirkel, können zur Korrektur eingesetzt werden.

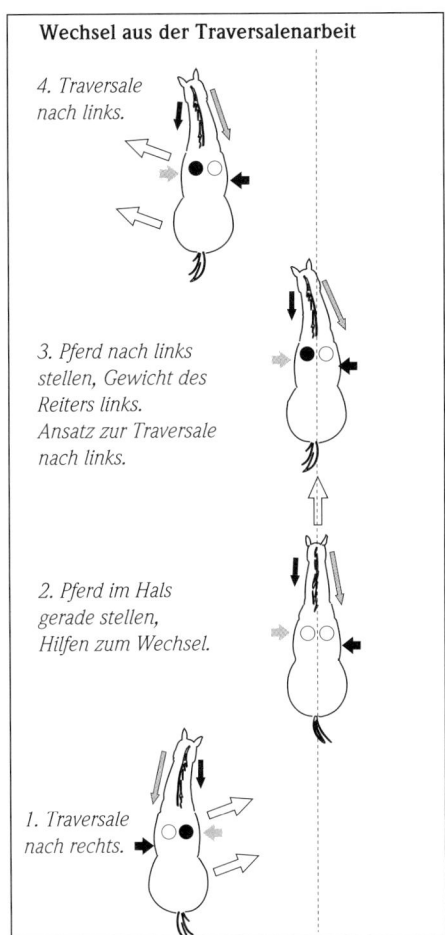

Wechsel aus der Traversalenarbeit

4. Traversale nach links.

3. Pferd nach links stellen, Gewicht des Reiters links. Ansatz zur Traversale nach links.

2. Pferd im Hals gerade stellen, Hilfen zum Wechsel.

1. Traversale nach rechts.

Der Reiter muß damit erreichen, daß sich auf Schenkeldruck sofort die Hinterhand des Pferdes zur Seite bewegt.

Die Vorhand soll bei Korrekturübungen auf der Geraden auch auf einer geraden Linie bleiben (bzw. auf der korrekten Zirkellinie bei der Zirkelarbeit). Das Pferd soll lernen, nur die Hinterhand seitlich zu bewegen und mit der Vorhand die Linie (seiner Bewegungsrichtung) nicht zu verlassen. Dann springt es den Wechsel von hinten nach vorne.

Kombinierte Prüfungen

Was wird in der Western-Horsemanship verlangt?

Die Western-Horsemanship ist eine reine Amateur- und Jugendklasse.
Sie besteht aus zwei Teilbereichen:

1. Einer kurzen **Einzelaufgabe**, bei der Lektionen ähnlich denen der Reining gefordert werden, jedoch in langsamem Tempo.
Im Einzelnen: die drei Grundgangarten auf der Geraden oder auf einem kleinen Zirkel, Stops (kein Sliding Stop, aber ein sauberes Anhalten aus dem Trab oder Galopp), Rückwärtsrichten, Seitwärtstre-

---

In der Prüfung müssen die Markierungen genau beachtet werden.

---

ten, Hinterhandwendungen (kein schneller Spin), einfache Galoppwechsel (sehr selten auch fliegende Wechsel).
Die zu reitende Aufgabe hängt 1 Stunde vor Prüfungsbeginn aus. Es gibt keine Standardaufgaben. Markierungen (Pylone) zeigen dem Reiter, an welchen Punkten er mit seinen Lektionen beginnen muß. Diese Markierungen gilt es sehr genau zu beachten. Soll ein Pferd z.B. neben einem Pylon stoppen, so soll sich der Pylon seitlich genau zwischen Vorder- und Hinterbeinen des Pferdes befinden, wenn es steht.
2. Einer **Pleasure-Prüfung**, für die nur noch die besten Reiter aus der Einzelaufgabe antreten.

Diese Prüfung hat nicht die gleiche Gewichtung wie die Einzelaufgabe - sie dient vielmehr nur einem deutlichen Herausarbeiten der Plazierung bei ähnlichen Leistungen in der Einzelaufgabe.

Wie wird die Horsemanship gewertet?

In der Horsemanship kommt dem Sitz des Reiters neben der korrekten Ausführung der Lektionen besondere Bedeutung zu.
Interessiert den Richter in einer Reining nur, wie das Pferd geht, so schaut er in der Horsemanship vermehrt auf das Gesamtbild Pferd-Reiter.
Er bewertet den korrekten Sitz des Reiters, unsichtbare und minimale Hilfengebung, Harmonie des Reiters mit dem Pferd (auch optisch - also: möglichst kein kleiner Reiter auf einem zu großen Pferd oder umgekehrt, kein zu kleiner oder zu großer Sattel, keine unordentliche Kleidung) und die Qualität der Gangarten des Pferdes (Vergl. Pleasure-Bewertung).

In der Aufgabe bewertet er positiv, wenn alle Manöver **genau am vorgeschriebenen Punkt** begonnen bzw. beendet werden.

Saubere Übergänge zwischen den Gangarten sind das A und O der Horsemanship. Vorteile haben Pferde mit weichen, flachen Gängen, wie sie in der Pleasure gern gesehen werden.
Gerade Linien und kreisrunde Zirkel sind

Harmonisches Rückwärtsrichten.

ein weiteres Kriterium für einen gut bewerteten Ritt. Auf der Geraden muß das Pferd wirklich schnurgerade bleiben - seitliches Abweichen wird bestraft. Auch beim Angaloppieren auf der Geraden muß es völlig gerade sein - der Reiter soll also nicht, wie manchmal im Training, die Hinterhand des Pferdes nach links drücken, um völlig sicherzugehen, daß das Pferd auch links angaloppiert.

Das Pferd soll auch den Kopf völlig gerade haben - also keine leichte Innenstellung auf der Geraden. Der Richter will sehen, daß das Pferd geradegerichtet ist, und daß es auf minimales Zurücklegen des Schenkels richtig anspringt.

Alle Lektionen sollen flüssig, ohne Widerstand und ohne Stocken in der Bewegung geritten werden. Jedoch darf und soll langsam geritten werden. Hohes Tempo (analog einer Reining) ist nicht gefragt. Zu lang durchhängende Zügel werden auch nicht gern gesehen. Minimaler Kontakt zum Pferdemaul sollte bestehen.

Wo ein Stop gefordert ist, soll das Pferd die Hinterhand weich und vor allem gerade untersetzen und dann bewegungslos stehen. Beim Rückwärtsrichten ist oft die **Anzahl der Tritte vorgeschrieben**: also mitzählen - sonst gibt es Punktabzug.

Galoppiert ein Pferd falsch an, so muß es auf jeden Fall korrigiert werden, auch wenn danach nur noch zwei Galoppsprünge im richtigen (vorgeschriebenen Galopp) übrigbleiben, sonst denkt der Richter, der Reiter hätte es nicht gemerkt, daß sich sein Pferd im falschen Galopp befindet.

Eine Hauptschwierigkeit der Einzelaufgabe besteht darin, daß alle Reiter in Reih und Glied in der Bahn warten bis sie an der Reihe sind. Das bedeutet für Pferde, die spät starten, **einen Kaltstart**. Da kann es schon einmal vorkommen, daß auch ein sonst gutgerittenes Pferd etwas schief und verspannt in die Einzelaufgabe herein- kommt und falsch angaloppiert oder seit- lich von der Geraden abweicht.

Der Pleasure-Teil wird im Prinzip wie die

Alle Lektionen sollen flüssig inein- ander übergehen. Es darf und soll jedoch langsam geritten werden.

---

normale »Pleasure-Prüfung« gewertet, je- doch kommt zusätzlich ein Bewertungskri- terium für den korrekten und entspannten Sitz des Reiters dazu.

Wie kann der Reiter sich und sein Pferd in der Horsemanship besonders gut präsentieren?

Der Reiter muß vorausschauend reiten. Und er sollte sein Pferd gut kennen. Er muß wissen, wie lange die Reaktionszei- ten bei seinem speziellen Pferd sind. Weiß er beispielsweise, daß es etwa 3 m braucht, bis die Hilfe zum Antraben bei ihm durchgedrungen ist, so beginnt er drei Meter vor der Markierung, die den Beginn des Trabs anzeigt, sein Pferd in den Trab zu treiben und nicht erst an der Markie-

rung. Merkt man an der Markierung, daß das Pferd noch nicht reagiert, darf man den Druck nur vorsichtig verstärken, sonst riskiert man einen Hopser oder ein Losren- nen des Pferdes.

Um eine saubere Gerade reiten zu können, muß der Reiter sich einen imaginären Punkt an der anderen Bandenseite suchen, seinen Blick darauf fixieren und darauf zu reiten. Erstens stellt er damit sicher, daß sein Pferd gerade bleibt. Zweitens sitzt er selbst viel besser auf dem Pferd (und wird auch besser bewertet), wenn er nicht krampfhaft auf sein Pferd herunterstarrt und dabei Kopf und Schultern traurig hängenläßt.

Während des Wartens vor der Einzelaufga- be kann der Reiter sein Pferd durch leichte Biegeübungen, Nachgeben lassen und eini- ge Tritte rückwärts oder seitwärts (je nach- dem wie eng die wartenden Pferde ste- hen) beschäftigen. Er vermeidet damit, daß das Pferd völlig kalt wird und »ein- schläft« oder die Einzelaufgabe nach dem Kaltstart mit einem Hopser beginnt.

Ein glänzendes, supergepflegtes Pferd mit verzogener Mähne und ein elegant-auffäl- lig, jedoch passend zum Pferd gekleideter Reiter beeindrucken den Richter und stim- men ihn positiv ein. Chaps sind fast Pflicht bei den Prüfungen mit Rail work: Horse- manship, Trail und Pleasure.

Was wird in der Prüfung Super Horse verlangt?

Super Horse ist eine Prüfung für Allround- pferde. Elemente aus Pleasure, Reining, Western Riding und Trail werden in einer Aufgabe verknüpft. Bewertung und die Anforderungen sind analog den Kriterien der einzelnen Prüfungen. Als Zäumung ist das Bit vorgeschrieben.

Auf dem
Turnier

Auf dem Turnier

Die einzelnen Reit- und Zuchtverbände der Westernreiter differieren leicht in ihrem Reglement. In der nachfolgenden Zusammenstellung werden die wichtigsten allgemeingültigen Regeln kurz zusammengefaßt.

Wie verhält man sich auf dem Turnier...

...seinem Pferd gegenüber?

Ein Pferd ist kein Sportgerät. Es soll dementsprechend - auch im Eifer des Prüfungsstresses auf dem Turnier - nicht als solches behandelt werden. Das Tierschutzgesetz greift auf dem Turnier hauptsächlich im Bereich der Strafen und des Allgemeinzustandes des Pferdes.

Unmäßiges und hartes Strafen des Pferdes ist auf dem Abreiteplatz und erst recht in der Prüfung zu unterlassen. Ein blutig sporniertes Pferd oder ein Pferd, dem Blut aus dem Maul läuft, ist keine Werbung für den Westernsport - und erst recht nicht für den Reiter, der dieses Pferd reitet. Kranke oder verletzte Pferde (mit Ausnahme von leichten Schürfwunden o.ä.) dürfen nicht vorgestellt werden. Doping ist verboten.

...seinen Mitreitern gegenüber?

Faires, sportliches Verhalten sollte eine Selbstverständlichkeit sein. Dazu gehört, keinen anderen beim Abreiten zu behindern. Der Abreiteplatz gehört allen Reitern, guten und weniger guten, bekannten und weniger bekannten. Keiner sollte sich Sonderrechte gegenüber den anderen herausnehmen. Weiterhin sollte man sich mit lautstarker Kritik an seinen Mitreitern zurückhalten, denn jeder kann mal einen schlechten Tag haben und eine schlechtere Vorstellung liefern oder sein Pferd in der Prüfung korrigieren müssen.

...bei der Siegerehrung?

Eine Siegerehrung ist immer eine kleine Feier - und sollte entsprechend gewürdigt werden. Immerhin steckt viel Arbeit und Schweiß in einer gelungenen Prüfung. Die plazierten Reiter sollten also in vollständiger Turnierkleidung mitsamt ihrem Pferd erscheinen. Beim Spielen von Nationalhymnen nehmen die Herren den Hut ab. Zudem erfordert es die Höflichkeit, daß dabei geschwiegen und nicht eine begonnene Unterhaltung fortgesetzt wird. Die Ehrenrunde wird im Galopp geritten - in der Reihenfolge der plazierten Pferde.

...dem Richter gegenüber?

Der Reiter darf während oder einen Tag vor dem Turnier nicht privat mit dem Richter sprechen. Will er den Richter etwas die Prüfung betreffend fragen, so muß er dies dem Ringsteward mitteilen, der sein Anliegen weiterleitet.

Seine Startnummer soll der Reiter so anbringen, daß Richter und Ringsteward sie gut lesen können, um einen schnellen, reibungslosen Ablauf zu gewährleisten.

Welche Klassen gibt es für die Reiter?

Turnierprüfungen werden grob unterteilt in Jugend-, Amateur- und Open-Klassen.
Als **Jugendlicher** gilt, wer nicht älter als 18 Jahre ist.

Siegerehrung.

Es gilt jedoch das Alter, das der Jugendliche am 1. Januar des beginnenden Turnierjahres gehabt hat, für das ganze Turnierjahr, auch wenn er im Laufe des Jahres 19 wird. Jugendprüfungen können in ein bis drei Kategorien - nach Alter der Reiter - geteilt werden.

Jugendliche dürfen in Prüfungen der AQHA keine Hengste und keine fremden Pferde auf Turnieren vorstellen. Als fremdes Pferd gilt ein Pferd, welches nicht im Familienbesitz (Eltern, Großeltern, Vormund, Geschwister) ist.

Jugendliche müssen die Jugendkarte des Verbandes, in dem sie starten wollen, besitzen oder die Mitgliedschaft zumindest beantragt haben.

Als **Amateur** gilt, wer fremde Pferde oder Reiter nicht gegen Entgelt trainiert.

Er darf neben eigenen Pferden nur Pferde vorstellen, die sich im Besitz der Familie befinden. Ein Amateur darf auch ein vom Ehepartner gegen Entgelt trainiertes Pferd nicht vorstellen. Startgelder für einen Amateur dürfen nur von ihm selbst oder nahen Verwandten entrichtet werden.

(Die EWU handhabt die Amateurregelung etwas weniger streng als die AQHA - es gilt nur der erste Satz).

Nimmt ein Amateur freiwillig an einer offenen Klasse teil, so darf er in dieser speziellen Klasse mit dem gleichen Pferd nicht gleichzeitig als Amateur starten.

Jeder Amateur muß im Besitz einer vom Verband ausgestellten Amateurkarte sein.

Amateur- und Jugendklassen können in Klassen für Turniereinsteiger und Klassen für fortgeschrittene Turnierreiter mit Erfolgen/Plazierungen in der Einsteigerklasse unterteilt werden.

Profis, also alle, die gegen Geld oder Sachleistungen Pferde und/oder Reiter trainieren, müssen in den offenen Klassen starten. Amateure können dort starten, wenn sie die erforderliche Leistung erbringen.

145

Die Richter bei der Arbeit.

Welche Klassen gibt es für die Pferde?

1. Die Senior Klasse: Das Pferd ist fünfjährig oder älter und muß einhändig im Bit (Kandare) vorgestellt werden.

2. Die Junior Klasse: Das Pferd ist drei- bis vierjährig und wird beidhändig auf Trense oder Bosal vorgestellt.

Manchmal gibt es noch die Sonderaufteilung zwischen Junior-Bit-Prüfungen und Snaffle Bit/Hackamore-Prüfungen.
a. Die Junior-Bit-Prüfung: Das Pferd ist drei- bis vierjährig und wird einhändig auf Kandare vorgestellt.
b. Die Snaffle-Bit/Hackamore-Prüfung: Das Pferd ist vierjährig oder jünger und wird beidhändig mit Bosal oder Wassertrense vorgestellt.

3. Die All-Ages Klassen:
Ist nur eine All-Ages-Prüfung ausgeschrieben, so dürfen drei- und vierjährige Pferde nach Belieben auf Kandare, auf Bosal oder Trense geritten werden. Fünfjährige und ältere Pferde müssen im Bit vorgestellt werden.

(Ab 1. Januar 1996 werden bei der AQHA fünfjährige Pferde Juniorpferde.)

In Einsteiger- und Anfängerklassen dürfen auch ältere Pferde noch beidhändig mit Snaffle-Bit oder Bosal vorgestellt werden.

Wie werden Showpoints errechnet?

Jede Reitklasse muß mindestens 3 Teilnehmer haben, damit in dieser Klasse Showpunkte vergeben werden können.

Bei 3 - 4 Teilnehmern bekommt das Siegerpferd 1/2 Punkt, die anderen keinen Punkt.
Bei 5 - 9 Teilnehmern bekommt das Siegerpferd 1 Punkt, der Zweitplazierte 1/2 Punkt.
10 - 14 Teilnehmer: Sieger 2 Punkte / Zweiter 1 Punkt / Dritter 1/2 Punkt
15 - 19 Teilnehmer:
Sieger 3 Punkte / Zweiter 2 Punkte / Dritter 3 Punkte / Vierter 1/2 Punkt
20 - 24 Teilnehmer:
Sieger 4 Punkte .... Fünfter 1/2 Punkt
25 - 29 Teilnehmer:
Sieger 5 Punkte ....Sechster 1/2 Punkt
30 - 34 Teilnehmer:
Sieger 6 Punkte ....Siebter 1/2 Punkt
35 - 39 Teilnehmer:
Sieger 7 Punkte ....Achter 1/2 Punkt
40 - 44 Teilnehmer:
Sieger 8 Punkte ....Neunter 1/2 Punkt
ab 45 Teilnehmer:
Sieger 9 Punkte .... Zehnter 1/2 Punkt

Punkte werden jeweils für ein Reiter/Pferd-Paar - gesondert nach den Klassen Jugend, Amateur und Open und nach Prüfungen - vergeben und von Show zu Show addiert.

Die Punkte werden für die Ermittlung des **Grand Champion**, der verschiedenen **AQHA-Champions**, für die Eintragung ins Ehrenregister (Register of Merit/ROM) und für die Ermittlung der (jährlichen) **High-Point-Horses** vergeben.

Daneben gibt es die All-Around-Wertung. Auf jedem Turnier wird in der Jugend-, Amateur- und offenen Klassen jeweils eine All-Around-Trophy vergeben - für den Reiter mit der höchsten Gesamtpunktzahl (aus mindestens drei verschiedenen Prüfungen) auf diesem speziellen Turnier.
Die Punkte für die Einzelprüfungen errechnen sich aus der Anzahl der gestarteten und plazierten Pferde.
Werden sechs Pferde plaziert, erhält der Sieger 6 Punkte, der Sechste noch einen Punkt. Werden nur 4 Pferde plaziert, so erhält der Sieger 4 Punkte, der Vierte einen Punkt.

Was führt zur Disqualifikation?

1. Unterstützung während der Prüfung durch eine andere Person (mit Ausnahme von Teamklassen).
2. Doping des Pferdes oder andere Manipulationen, z.B. am Schweif bei Pleasure-Pferden. Bei solchen schwerwiegenden Verstößen können Sperren (für Reiter und Pferd) für weitere Turniere verhängt werden. Sowohl Teilnehmer als auch Eigentümer werden dabei für den Zustand des Pferdes verantwortlich gemacht.
3. Absichtliche inhumane Behandlung des Pferdes.
4. Verbotene Ausrüstung.
5. Verreiten - Einschlagen eines falschen Pattern oder das Reiten zusätzlicher, nicht vorgeschriebener Lektionen - in den Prüfungen Trail, Western Riding, Super Horse, Horsemanship und Reining.
Zum Verreiten gehören auch zusätzliche (nicht im Pattern verlangte) Manöver, z.B. das Überdrehen des Pferdes beim Spin um mehr als 90°, nicht der Aufgabe vorge-

schriebenes Rückwärtsgehen des Pferdes mit mehr als 4 Tritten, Verlust der Kontrolle durch den Reiter (Durchgehen des Pferdes) oder grobe Widersetzlichkeit sowie mehr als ein halber Zirkel oder eine halbe Länge der Bahn Trab, wo Galopp vorgeschrieben ist.

6. Beidhändige Zügelführung bei Kandarenzäumung sowie das Berühren des Pferdes mit der freien Hand bei einhändiger Zügelführung oder der Wechsel der Zügelhand.

7. Mehr als ein Finger zwischen den Zügeln bei Split Reins.

8. Offensichtliche Lahmheit des Pferdes.

9. Benutzen der Zügel als Peitsche.

10. Sturz von Reiter oder Pferd.

Welche Ausrüstung ist verboten?

Alle Arten von mechanischen Hackamores sind für die Reitprüfungen nicht zugelassen. Nur das klassische Bosal - mit Rohhaut oder Rope-Kern - (ohne mechanische Anzüge) - darf verwendet werden. (In Renndisziplinen darf auch die mechanische Hackamore verwendet werden.)

Snaffle-Bits (Wassertrensen), deren Ringe einen größeren Durchmesser haben als 10 cm, sollen nicht verwendet werden.

Der Durchmesser des Gebisses selbst, 2,5 cm vom Maulwinkel aus nach innen gemessen, darf nicht unter 1 cm liegen.

Snaffle-Bit-Mundstücke können aus zwei oder drei Teilen bestehen (einfach oder doppelt gebrochenes Gebiß).

Kandaren dürfen einfach, gebrochen oder doppelt gebrochen sein.

Nicht erlaubt sind Hebel über 21,5 cm Gesamtlänge sowie Mundstücke, deren Durchmesser (2,5 cm vom Maulwinkel aus nach innen gemessen) 8 mm unterschreitet oder 19 mm überschreitet.

Scharfe Kanten im Bereich des Mundstücks oder der Maulwinkel sind verboten. Genauso Zungenfreiheiten über 89 mm Höhe.

(Bei den amerikanischen Verbänden werden manche der erlaubten Maße 1996 leicht verändert; maßgebend ist immer das aktuelle Regelbuch für das betreffende Jahr.)

Einlagen bei Kandaren und Snaffles sind dann verboten, wenn sie scharfe Kanten haben - ansonsten erlaubt.

Kinnriemen und Nasenriemen aus Draht oder drahtähnlichem Material (auch wenn es gepolstert ist) sind grundsätzlich verboten, Kinnketten dann, wenn sie nicht flach am Kinn anliegen und schmaler als 13 mm sind. (Auch Kinnriemen aus Leder oder Gurt sind nicht erlaubt, wenn sie schmaler als 13 mm sind.)

Martingals und Tie-Downs sind - mit Ausnahme der Renndisziplinen - nicht gestattet. Schlaufzügel sind überhaupt nicht erlaubt.

Der **Westernsattel** (gleich welcher Art) ist obligatorisch - andere Sättel dürfen nicht verwendet werden.

Gamaschen und Bandagen sind in den Klassen Trail, Pleasure, Western Horsemanship, Showmanship at Halter und allen Halterklassen nicht erlaubt. Für alle anderen Prüfungen dürfen sie benutzt werden.

Zudem kann der Richter Ausrüstung, die er als zu scharf oder untauglich erachtet, verbieten.

Das Gesicht des Pferdes ist für's Turnier mit Babyöl geschminkt.

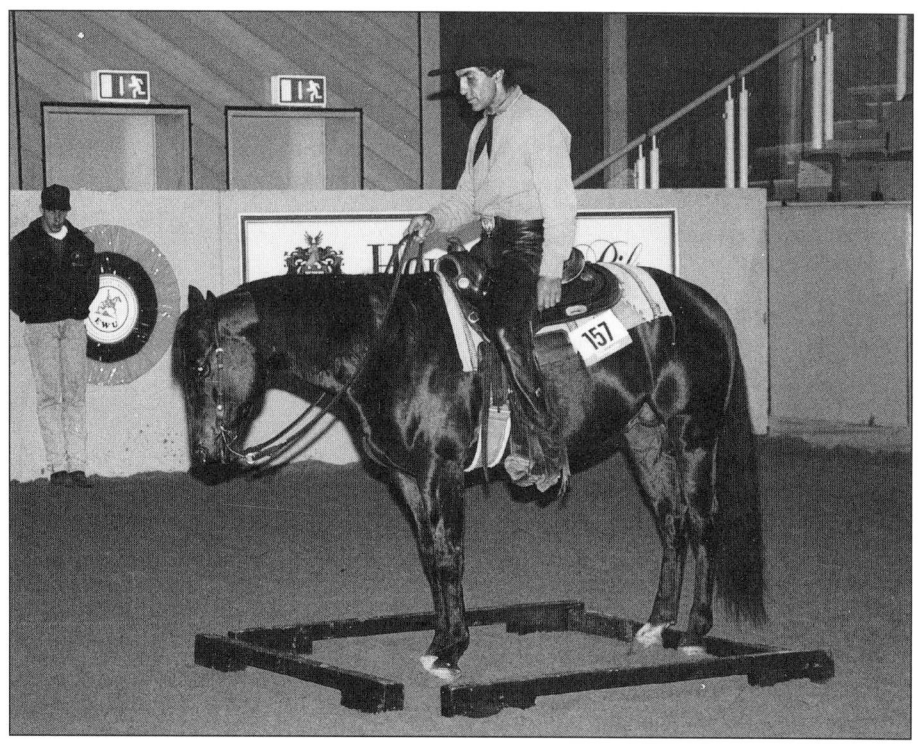

Trail: Im Quadrat.

Welche Bekleidung ist für den Reiter vorgeschrieben, welche erlaubt?

Wird ein besonders gepflegtes Pferd besser bewertet als ein ungepflegtes?

Westernhut, langärmeliges Hemd und Westernstiefel sind obligatorisch.

Chaps, Westen, Jacketts, Halstücher sowie sonstiger Schmuck sind erlaubt.

Besonders in gutbesetzten Pleasure-Klassen kann man den Richter zusätzlich durch farblich optimal abgestimmte Kleidung (passend zum Pferd, zum Sattel und zur Satteldecke) auf sich aufmerksam machen.

Besonders in den Rail-Klassen (Pleasure, Trail, Horsemanship) kann das Aussehen von Pferd und Reiter über die Plazierung mitentscheiden. Die gepflegte Erscheinung des Pferdes fließt in die Bewertung des Gesamteindrucks genauso mit ein wie die Kleidung des Reiters, die auf die Farbe des Pferdes abgestimmt sein sollte. (Der Richter ist auch nur ein Mensch und speziell in sehr großen Klassen kann man ihn auch durch das Erscheinungsbild auf sich aufmerksam machen.)

Im Trail: Ein Klappersack wird gezogen.

Wie erreiche ich einen gepflegten Gesamteindruck meines Pferdes?

Vor dem Turnier sollte das Pferd mit mildem Pferdeshampoo komplett gewaschen werden, damit das Haarkleid leicht entfettet ist, den Staub nicht mehr bindet und deswegen nicht mehr grau-weiß erscheint. In den Rail-Klassen sehen die Richter inzwischen gern eine verzogene Mähne, die zwischen 7 und 10 cm lang ist und nicht zu dick. Die Mähne soll jedoch nicht stehen (mit einem nassen Handtuch, zur Not mit etwas Haarspray, kann man eine stehende Mähne etwas fixieren). Es haben sich auch schon »Frisuren« herausgebildet, ähnlich dem Einflechten der englischen Dressurpferde. Das Westernpferd trägt die Mähne so, daß etwa alle 2 - 3 cm Haarsträhnen am Mähnenansatz mit einem Gummi zusammengefaßt werden (nicht geflochten). Hinter den Ohren soll die Mähne einige Zentimeter rasiert sein. Dazu klappt man das Ohr nach hinten - so lang, wie das Ohr ist, wird hinter den Ohren rasiert.

Der Schweif kann ein paar Stunden vor der Prüfung gewaschen, mit Schweif-Liquid besprüht (macht ihn nachher leicht kämmbar) und geflochten werden. Kurz vor der Prüfung wird der Schweif dann ausgebürstet und fällt während der Prüfung locker und wellig. In der Prüfung darf jedoch der Schweif nicht eingeflochten sein (auch nicht oben an der Schweifrübe).

Die Hufe sollten kurz vor dem Einreiten in

die Prüfung nochmals außen gesäubert und mit Hufblack geschwärzt werden, und zwar rundum, auch an den Ballen. Hufblack ist eine atmungsaktive und wasserdurchlässige Farbe. Huffett eignet sich nicht, weil daran der Schmutz hängenbleibt. Zudem kann man das Pferd vor dem Einreiten nochmal mit Glanzspray besprühen, nachdem feuchte Stellen vom Abreiten getrocknet und ausgebürstet worden sind. Dazu sollte man genau wissen, wann man einreiten muß, um davor ohne Hektik das Pferd nochmal zu stylen.

Die dunklen Stellen des Pferdegesichts (um Augen und Nüstern herum) kann man mit Babyöl einreiben, um das Gesicht des Pferdes ausdrucksvoller zu machen.

Viele amerikanische Richter sehen in den Rail-Klassen gern ein rasiertes Pferd (Ohren ausrasiert und Tasthaare am Maul rasiert). Man kann jedoch alles übertreiben, auch das Styling eines Turnierpferdes, und wer sein Pferd wenigstens noch halbwegs vernünftig halten will (mit Auslauf und Weidegang), sollte ihm dieses ersparen und sich darauf beschränken, nur die Haare, die weit aus dem Ohr herausgucken, abzuschneiden.

Hat es Sinn, ein noch nicht fertiges Pferd übungshalber auf dem Turnier zu reiten?

Das Pferd kann aufs Turnier mitgenommen werden, sollte jedoch nur auf dem Abreiteplatz bewegt werden, um sich den Turnierbetrieb anzuschauen. Ein unfertiges Pferd in der Prüfung zu reiten birgt die Gefahr, daß sich Fehler oder Widersetzlichkeiten festsetzen, weil es nicht hinreichend korrigiert werden kann.

Zudem bekommt der Richter einen schlechten Eindruck von dem Reiter, wenn er mit einem unfertigen Pferd ein schlechtes Bild abgibt - und auch beim Richter kann sich ein schlechter Eindruck dauerhaft festsetzen.

Eine Veranstaltung ohne Streß, wie es z.B. eine Rallye zu Pferde mit trailähnlichen Hindernissen ist, kann jedoch für junge Pferde eine gute Übung sein. Der Reiter soll dabei nicht versuchen, Hindernisse zu reiten, die das Pferd noch nicht kennt. Meist hat er bei einer Verweigerung nicht genug Zeit, das Pferd zu korrigieren, und das Pferd merkt sich, daß es manche Hindernisse verweigern kann. Dem Pferd noch unbekannte Hindernisse oder Lektionen werden also auf solchen Übungsritten möglichst ausgelassen.

Soll man ein Pferd beim Abreiten bestrafen, wenn es nicht so gut wie zu Hause reagiert?

Das Pferd sollte kurz vor der Prüfung weitgehend zufriedengelassen und nur locker geritten werden.

Klappt eine Übung nicht so gut wie sie das Pferd im Training kann, so darf diese Lektion vor der Prüfung nicht bis zum Geht-nicht-mehr probiert und korrigiert werden. Damit macht man das Pferd nur verrückt, und es wird in der Prüfung genau bei dieser Lektion aus der Kontrolle geraten oder völlig überreagieren, weil es Strafe befürchtet. Danach kann man dann auch meist die nachfolgenden Lektionen der Prüfung in den Wind schreiben.

vor der Prüfung geschehen. Der Reiter muß Zeit genug haben, das Pferd wieder zur Ruhe kommen zu lassen, wenn es sich dabei aufregen sollte. Reagiert das Pferd mit mehr Leistung auf mehr Druck, so belasse man es dabei und hoffe, daß es sich in der Prüfung an die gelungene Übung beim Abreiten erinnert. Regt es sich auf, so beruhige man es wieder (durch Stehenlassen oder Schrittreiten) und versuche die Lektion noch einmal mit weniger Druck.

Klappt es dann halbwegs, sollte man aufhören und in der Prüfung mit sehr wenig Druck an diese Lektion herangehen. Kurz vor der Prüfung nachhaltig an irgendwelchen Schwachstellen des Pferdes herumkorrigieren zu wollen ist der beste Weg, die Prüfung in den Sand zu setzen. Also: Beim Abreiten keinesfalls das Pferd mit ungeliebten Übungen piesacken, sondern vorsichtig nachfragen, wie es auf mehr Druck reagiert. Die letzte Übung vor dem Einritt in die Prüfung sollte immer halbwegs gelungen sein.

Lektionen, die das Pferd nicht gut beherrscht, sollten auf dem Abreiteplatz nicht forciert werden. Nachdem man das Pferd locker geritten hat, kann man jedoch vorsichtig versuchen, bei einer solchen schwachen Lektion mit etwas mehr Druck zu arbeiten. Dies darf jedoch nicht kurz

Reining: ein harmonischer Spin.

Adressen der Verbände

EWU

Erste Westernreiter Union, Deutschland
Wallenbrücker Str. 24
49328 Melle Riemsloh
Tel. 0 52 26 / 176 06
Fax: 0 52 26 / 176 07

(Dieser Verband ist offen
für alle westerngerittenen Pferde -
egal welcher Rasse.)
In EWU-Prüfungen sind Pferde
aller Rassen startberechtigt.

DQHA

Deutsche Quarter Horse Association
Geschäftsstelle
Landstr. 7
63939 Wörth
Tel. 0 93 72 / 50 31
Fax: 0 93 72 / 50 33

In Prüfungen der DQHA sind nur
eingetragene Quarter-Horses
startberechtigt.

APHCG

Appaloosa Horse Club Germany
Geschäftsführer Max Schmatz
Ramling 9
94347 Aschau
Tel. 0 99 64 / 97 93

In APHCG-Prüfungen dürfen nur
eingetragene Appaloosas starten.

PHCG

Paint Horse Club Germany
Service Büro:
Hindenburg Str. 51
51688 Wipperfürth
Tel. + Fax : 0 22 67 / 80 741

In PHCG-Prüfungen sind nur
Paints (= gescheckte Quarterhorses)
startberechtigt.

NRHA

National Reining Horse Association
Edward Georg Rink
Zoegelhütte 3
69437 Neckargerach

Die NRHA hat sich allein dem
Reining-Sport verschrieben.
Auf NRHA-Turnieren sind alle
Rassen startberechtigt.

Österreichischer Westernreiter-Verband
1. Vors. Dr. Hilde Jarc
Baumeistergasse 14/14/2
A-1160 Wien

Quarter Horse Association Österreich
Salzburger Str. 103
A-4600 Wels
Tel. 00 43 / 72 42 - 51 88 2

Schweizer Westernreiter-Verband
Emil Hegetschweiler
Wikinger Ranch
CH-8919 Werd-Rottenschwil
Tel. 00 41 / 57 34 - 15 37

Quarter Horse Association Schweiz
Rapperswiler Str. 4
CH-8630 Rüti
Tel. 00 41 / 55 31 -75 13

Praxiswissen für Pferdebesitzer und Reiter

Elwyn Hartley Edwards
Die BLV Enzyklopädie der Pferde
Die ganze Welt der Pferde – der repräsentative Bildband mit über 1000 Abbildungen: Geschichte, Reitsport, Gestüte, Turniere, Zuchttrends und über 150 der wichtigsten Pferde- und Ponyrassen im Porträt mit Informationen zu Ursprung, Herkunft und Verwendung.

Handbuch Pferd
Zucht • Haltung • Ausbildung • Sport • Medizin • Recht
Das Standardwerk der Pferdekunde – konkurrenzlos kompetent: präzise, umfassende Informationen und fachliches Know-how von 42 hochqualifizierten Fachautoren zu den Bereichen Zucht, Haltung, Ausbildung, Sport, Medizin und Recht.

Peter F. Cronau
Pferdesport wohin?
Ein kritischer Blick hinter die Kulissen
Schonungslose, objektive und kenntnisreiche Analyse der aktuellen Situation in allen Pferdesportarten – mit konstruktiven, zukunftsweisenden Verbesserungsvorschlägen für Organisationen im gesamten Bereich des Pferdesports.

Kerstin Diacont
Bodenarbeit mit Pferden
Der neue Weg, Pferde selbst auszubilden und zu korrigieren
Alle Aspekte der Bodenarbeit – vom psychologischen Grundwissen über das Pferdeverhalten bis zur Ausbildungsanleitung mit Übungen aus den Bereichen Dressur und Westernreiten sowie Beispielen zur Korrektur verrittener Pferde.

Susan McBane
Das große Buch der Pferdeausrüstung
Sattel, Zaumzeug und Geschirr
Die komplette Ausrüstung für Reit- und Fahrpferde im Detail mit vielen Zeichnungen: funktionell richtiger, dem Verwendungszweck angemessener Einsatz sowie Pflege und Wartung der einzelnen Ausrüstungsteile.

Pferde verstehen – besser reiten

Kerstin Diacont
**Das Westernpferd –
Der Westernreiter**
Ausrüstung, Haltung und
Ausbildung
Einfühlsame, verhaltensgerech-
te und folgerichtige Ausbildung
des Pferdes; westernspezifische
Minimalhilfengebung, Sitz und
Einwirkung des Reiters in den
Grundgangarten; Verstehen der
natürlichen Verhaltensweisen
und Reaktionen des Pferdes.

Virginia Leng
**Das Vielseitigkeitspferd –
Der Vielseitigkeitsreiter**
Ausbildung, Training, Event
Die Ausbildung des Military-
pferdes bis zum Event:
Trainingsmethoden, die zum
Sieg führen – Schritt für Schritt
mit vielen Fotos dargestellt.

Elwyn Hartley Edwards
Pferderassen
Über 100 Pferde- und Ponyrassen weltweit – Abstammung,
Merkmale, Zucht
Kompakter, übersichtlicher und
fundierter Ratgeber: die wichtigsten Pferderassen der Welt
mit hervorragenden Farbfotos
und alles Wissenswerte zu Ent-
wicklungsgeschichte, Exterieur,
besonderen Merkmalen,
Lebensbedingungen und
züchterischen Besonderheiten.

Gerhard Kapitzke
Das Pferd von A–Z
Rassen, Zucht, Haltung
Aktuelles Grundlagenwissen
von A–Z zu Pferdezucht und
-haltung sowie zum Reit- und
Fahrsport in 1070 Stichwörtern
mit vielen informativen Fotos.

Gerhard Kapitzke
Du und Dein Pferd
Über das Reiten und den
Umgang mit Pferden
Für den jugendlichen Reitanfän-
ger: komprimierte Information
über Verhalten, Wesen und
Bedürfnisse des Pferdes, über
Haltung, Pflege, Fütterung und
erste Reitausbildung.